职业教育市场营销类课程改革创新教材

U0656247

市场营销实训

第 2 版

主　编　罗绍明

副主编　齐　艳　吴品懿　邹小伍

机械工业出版社

《市场营销实训 第 2 版》是《市场营销知识》的配套用书，是为了方便教师开展教学，指导学生开展市场营销实训而编写的教学参考用书。

本书根据《市场营销知识》各章节的顺序逐章编排，按照模块化和分栏式的方式编写，包括"岗位工作认识""岗位技能训练"及"岗位工具模板"三个分栏，主要包括案例分析训练、营销技能课堂训练和营销策划技能训练三个模板，设置有市场调研问卷设计、产品 SWOT 分析、产品说明书设计、市场营销计划制订、产品品牌标识创作、投标说明书制订、销售代理协议书制订、产品广告语创作、产品三包协议书制订、产品促销方案策划等训练任务。

本书可作为职业学校市场营销专业及相关专业的教学用书，可作为推销员、高级推销员考证的职业培训教材，也可作为企业市场营销人员及对市场营销感兴趣的读者的学习、参考用书及实训用书。

图书在版编目（CIP）数据

市场营销实训/罗绍明主编 . —2 版 . —北京：机械工业出版社，2016.11（2024.1 重印）

职业教育市场营销类课程改革创新教材

ISBN 978-7-111-55434-9

I . ①市… II . ①罗… III . ①市场营销学—高等职业教育—教材 IV . ①F713.50

中国版本图书馆 CIP 数据核字（2016）第 278279 号

机械工业出版社（北京市百万庄大街 22 号 邮政编码 100037）

策划编辑：宋 华 责任编辑：宋 华 陈瑞文

责任校对：刘雅娜 封面设计：路恩中

责任印制：郜 敏

中煤（北京）印务有限公司印刷

2024 年 1 月第 2 版第 5 次印刷

184mm×260mm · 8.5 印张 · 197 千字

标准书号：ISBN 978-7-111-55434-9

定价：28.00 元

电话服务 网络服务

客服电话：010-88361006 机 工 官 网：www.cmpbook.com

010-88379833 机 工 官 博：weibo.com/cmp1952

010-68326294 金 书 网：www.golden-book.com

封底无防伪标均为盗版 机工教育服务网：www.cmpedu.com

第 2 版前言

"市场营销知识"是职业学校市场营销专业的必修课程，是贯彻国家职业技能教育的要求，开展市场营销技能培养的专业核心课程。《市场营销实训　第 2 版》是《市场营销知识》的配套用书，是为了方便教师开展教学，指导学生开展市场营销实训而编写的教学参考用书。

本书是根据《市场营销知识》各章节的顺序逐章编排的，包括市场营销调研实训、营销环境管理实训、目标市场策略实训、市场营销计划实训、产品策略实训、价格策略实训、渠道策略实训、促销策略实训、服务营销策略实训、网络营销策略实训 10 章内容。

本书按照模块化和分栏式的方式编写，包括"岗位工作认识""岗位技能训练"和"岗位工具模板"三个分栏，具体内容如下：

"岗位工作认识"分栏概述了每个营销岗位工作的具体内容、岗位的工作程序以及该岗位的工作要求。通过这部分的学习，读者能认清营销岗位工作的内容，并能有的放矢地学习相关岗位工作知识。

"岗位技能训练"分栏主要包括案例分析、陈述训练和写作技能训练三个板块，设置有市场调研问卷设计、产品 SWOT 分析、产品说明书设计、市场营销计划制订、产品品牌标识创作、投标说明书制订、经销合作协议书制订、产品广告语创作、产品三包协议书制订、产品促销方案策划等训练任务。此部分主要培养学生理解与分析营销案例、搜索与整理资料、策划营销活动、口头表达以及具体设计营销方案的能力。

"岗位工具模板"分栏提供了相应营销岗位工作所需的工具模板，读者在实践中可参考相应的工具模板，对照企业的实际情况加以修正，即可完成岗位任务。

本书由广东省汕头市蛇滨职业技术学校罗绍明高级讲师任主编，由河北泊头职业技术学院齐艳、厦门工商旅游学校吴品懿、金猴集团有限公司邹小伍任副主编，参编人员还有山东圣翰财贸职业学院房琭、浙江省温州市平阳县第二职业学校邱菲、广西工商学校李秀革、河北保定南市区职教中心李金萍。具体分工为：第 1、2 章由罗绍明修订，第 3、4 章由齐艳修订，第 5、6 章由吴品懿修订，第 7、8 章由邹小伍修订，第 9 章由房琭、邱菲修订，第 10 章由李秀革、李金萍修订。全书由罗绍明统稿。

在本书编写过程中，参阅了大量文献与网站资料，在此对有关资料的著作者和编辑致以诚挚的感谢！

由于编者水平有限，书中的缺点与不成熟之处在所难免，恳请读者批评指正并提出建议与意见。联系邮箱：stluoming@163.com。

编　者

第1版前言

"市场营销实训"是中等职业学校市场营销专业的必修课程，是贯彻国家职业技能教育的要求，开展市场营销技能培养的必需专业课程，是中等职业学校技能教学改革的重点，也是解决职业教育质量问题的关键。

本书是根据中等职业教育培养目标要求，按照教育部颁布的教学大纲进行编写的，同时，它还紧贴国家职业资格（推销员）的考证大纲，既能适合中等职业学校教学的要求，又能满足学生适应企业市场营销的需求。

在内容上，本书力求体现"以就业为导向，以技能为核心，以服务为宗旨"的指导思想，突出职业教育的特色；本书突出"实训与技能培养"主题，以同一家企业的营销操作流程为基础，针对该企业营销活动的每个运作环节设置案例，可使学生在仿真的营销情景中进行营销操作，这既有利于学生清晰地了解企业营销的运作流程，又有利于学生掌握营销活动的分析方法、加深营销理论知识的理解及提高营销的实操技能。在案例实训环节中，特别设计了清晰的指导性训练流程，方便教师的课堂教学与学生训练，突出实训内容的可操作性和目标性。

在结构上，本书按照模块化和分栏式的方式进行编写，主要分为以下三大部分。

第一部分是市场营销基础知识提示部分。该部分主要介绍市场营销的基础知识，依据市场营销的一般程序，简要介绍了营销管理过程各环节所涉及的营销基础理论与方法，包括市场营销调研、营销环境分析、目标市场策略、市场营销计划、产品策略、价格策略、渠道策略、促销策略、服务营销策略及网络营销策略10章内容。

第二部分是市场营销案例分析部分。该部分以同一家企业的营销操作流程为基础，针对该企业营销活动的每个运作环节设置案例，要求学生在教师的讲解与指导下完成案例的分析，旨在培养学生理解与分析问题的能力。

第三部分是市场营销技能训练部分。该部分主要包括营销技能课堂训练和营销策划技能训练两个版块，主要培养学生设计营销活动，策划、口头表达以及具体操作和实施营销方案的能力。

在本书编写过程中，参阅了大量文献与网站资料，在此对有关资料的著作者和编辑致以诚挚的感谢！

本书可作为中等职业学校市场营销专业及其相关专业教学用书，可作为推销员、高级推销员考证的职业培训教材，也可作为企业市场营销人员及对市场营销有兴趣和爱好的读者的学习、参考用书及实训训练用书。

由于编者水平有限，书中的缺点与不成熟之处在所难免，恳请读者批评指正并提出建议与意见。联系邮箱：stluoming@163.com。

编　者

目　录

1

第1章 市场营销调研实训

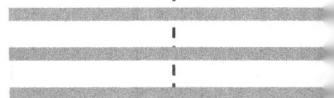

岗位工作认识

一、岗位技能要求

1. 能理解和撰写市场调研计划。
2. 能理解和设计市场调研问卷。
3. 能理解和撰写市场调研报告。

二、岗位工作描述

市场调研岗位工作描述如图 1-1 所示。

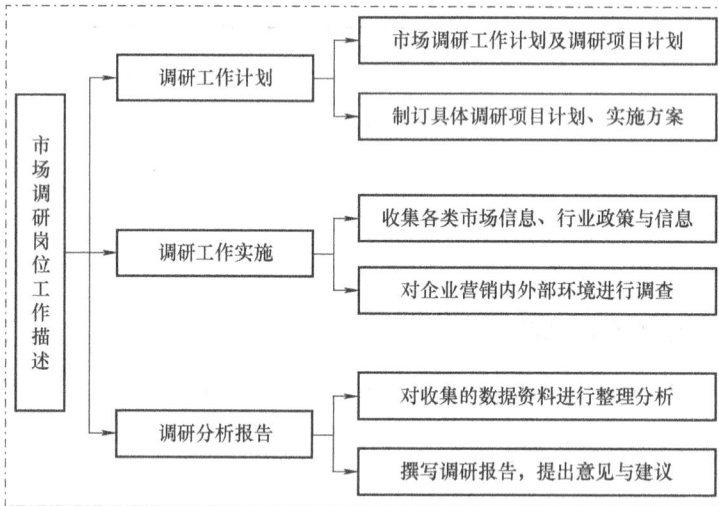

图 1-1　市场调研岗位工作描述

三、岗位工作流程

市场调研岗位工作流程如图 1-2 所示。

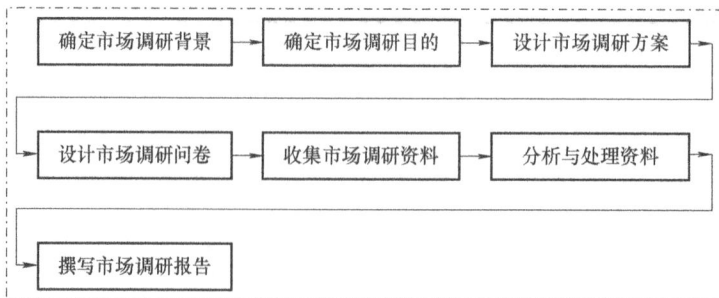

图 1-2　市场调研岗位工作流程

岗位技能训练

任务一　市场调研案例分析

【案例背景】

山东省威海市金猴集团有限公司（此后简称"金猴集团"）位于富饶的渤海湾畔，坐落于美丽的海滨城市——威海市市中心，是一家历史悠久的国有大型企业，也是当今中国皮革制品行业一颗璀璨的明星。金猴集团的前身是1951年8月23日由7名威海人集资1900元建立的"威海市新生皮革生产合作社"，当时有职工17人，日产皮革7张、皮鞋3双、布鞋13双。之后经过两次厂址变迁和四次厂名变更，先后把制革、布鞋、皮鞋材料、化工产品分离出去，于1979年更名为"威海市皮鞋厂"，专业生产皮鞋。1991年，在地方政府的安排下，兼并威海市皮鞋材料厂和生产皮具为主的威海市皮件二厂，组建起"威海市皮鞋工业集团公司"，1996年更名为"威海市金猴集团公司"，1998年通过资产买断的形式改制为有限责任公司，2009年更名为金猴集团有限公司。目前，金猴集团下辖10个子公司、20个驻外分支机构，主要生产金猴牌皮鞋、运动鞋、鞋材、服装、皮具等产品，并涉足房地产开发、国际贸易、物流、酒店等领域，拥有资产8亿多元，职工4000多人，综合经济实力位居中国皮革制品行业前三强，系中国皮革工业协会副理事长单位、山东省重点企业集团、国家大型企业。

一、市场调研计划的制订及实施

金猴集团自1951年成立以来，一直重视产品的质量。首先，一双皮鞋要经过100多道工序，企业对每道工序的生产都建立了严格的质量管理制度。上一道工序中没有达到质量要求的产品严禁转移到下一道工序，以保证每道工序的质量达标。其次，企业还建立了一整套完工产品质量检验制度，以保证出厂产品质量达标。1988年1月15日，金猴集团全体员工将历年来出厂检查不过关的6000多双皮鞋全部销毁，而这些皮鞋有的仅有很小的一点瑕疵（外行人是根本感觉不出来的），由此导致80多万元的损失按责任大小由全体干部职工承担，上至总经理，下至生产线上的一般员工。这次行动也教育了金猴人，"质量是企业的生命"不只是一句口号，更是实实在在的行动。虽然金猴集团对产品质量的检验一丝不苟，但在1990年之前，企业的生产销售还是一直不理想，固定资产仅400万元，别说在全国，就是在山东，也是"小字辈"。金猴集团领导百思不得其解，遂于20世纪90年代初期在全国范围内做了一次全面的市场调研，从消费者对产品的品牌认识、产品质量、价格、分销渠道、服务等各个方面充分去认识和发掘消费者的需求。

二、市场调研总结报告及经营调整

在对市场调研资料进行反复比较分析之后，企业清楚地认识到，"产品质量是营销的根本，消费者需求是营销的关键。"企业不仅要保证产品质量的优质，还应依据消费者对产品的价值期望和精神需求去开发、设计、生产产品；不仅要让产品能满足消费者"经久耐用"的价值期望，还要给消费者带来美观舒适的精神享受。

随后，金猴集团的一系列动作都是紧紧围绕着市场做文章。首先，企业主动与国际接轨，全面贯彻ISO9002质量标准，于1994年6月在全国同行业率先通过"方圆"质量认证；在

这个过程中，企业于1997年投资500万元，成立皮革类的省级技术开发中心，全套引进意大利先进的计算机设计系统和检测试制设备，并组建了一支有40多人的专职设计创新队伍，成立了由总经理亲自挂帅的技术创新委员会；其次，企业进高等学府，请业内专家，综合运用力学、美学、人体结构学以及其他相关学科，围绕"研究制鞋新技术、开发制鞋新材料、设计制鞋新楦型、挖掘制鞋新功能"等技术课题，共同开展攻关研究；再次，企业积极地与国外制鞋及其科研机构交流，及时获取国际最新的技术信息，增长见识、激发灵感，几乎每天都有一个新产品投产问世。金猴皮鞋生产规模由1989年的67万双增加到1992年的155万双，工业产值、销售收入、利税、利润指标也分别从1989年的1050万元、1228万元、162万元、111万元增加到1992年的5500万元、4674万元、501万元、300万元。到2004年，金猴集团生产皮鞋1126万双，实现皮鞋销售收入213659万元，生产规模在全国同行业名列第二。2004年、2005年"金猴"皮鞋被世界权威评估机构列入"中国500最具价值品牌"。展望未来，金猴集团将以国家级技术中心为平台，加强自主创新，打造出中国最为舒适、健康的第一品牌。金猴集团2015年实现营业收入135亿元，位列全国皮革制品行业第2名，并计划在2016年实现营业收入150亿元，建成国际一流的产品研发与生产基地和现代化大型军需被装基地，至2020年实现营业收入260亿元，做中国皮革制品行业的领先者。

【案例题解】

1. 市场调研的最终成果是（   ）。

    A. 追踪调研   B. 补充调研   C. 调研报告   D. 调研表格

题解：

撰写市场调研报告是市场调研的最后一步，是实现市场调研定性认识的关键。市场调研报告是市场调查研究成果的集中体现，是市场调研的最终成果。

2. 企业除了通过案例中所述及的市场调查方法获取市场信息外，还可通过方案调查方法获得二手资料。以下哪些途径可以获得二手资料？（   ）

    A. 问卷调查   B. 行业协会   C. 大众传播媒体 D. 国家统计资料

题解：

通过方案调查方法获得二手资料一般是通过方案调查，即走访政府、行业协会、有关部门甚至竞争对手来实现。主要收集渠道有国家统计资料、行业协会信息资料、公开出版的图书资料、大众传播媒体、各种信息机构、计算机信息网络、企业内部资料、国际组织等。

3. 金猴集团市场调研人员为了更好地了解顾客的购买行为，利用录像设备在金猴商场对顾客的购买情况进行录像，这种调查是（   ）。

    A. 访问调查   B. 观察调查   C. 实验调查   D. 网络调查

题解：

① 访问调查是指直接向被调查人员提出问题，根据被调查者的回答来搜集信息资料的方法。

② 观察调查是指调查人员通过直接观察记录被调查者的言行来搜集资料的调查方法。利用录像设备进行观察，即仪器观察。

③ 实验调查是指通过实验对比来取得市场情况第一手资料的调查方法。

④ 网络调查是指利用互联网络开展营销调查来搜集资料的调查方法。

4. 试根据案例背景资料的提示，以金猴皮鞋集团公司市场营销科的名义，撰写一份市场调研计划。

题解：

市场调研计划的内容一般包括调查目的任务、调查对象、调查方法、调查日程、调查预算、调查控制措施等内容。金猴皮鞋市场调研计划如下：

金猴皮鞋市场调研计划

一、调研项目

如何提高金猴皮鞋的竞争能力和扩大金猴皮鞋的销售量。

二、申请部门

金猴皮鞋集团公司市场营销科（负责人：李小红）。

三、存在问题

公司1990年以前年销售量仅50万双，销售量一直维持在较低水平，同期其他同类型企业的年销售量达到120万双，经分析，主要是公司皮鞋的竞争力不足。

四、调研目的

通过市场调研，制订一个提高金猴皮鞋竞争力和扩大金猴皮鞋销售量的方案，经公司经理部批准全面实施。

五、调研组织

由公司市场营销科负责组织10人组成市场调研小组，到山东省的济南市、菏泽市；河北省的保定市、承德市；安徽省的合肥市、安庆市；浙江省的杭州市、金华市；广东省的广州市、韶关市共10个城市进行市场调查。时间定为一个月。

六、调研方法

拟定好市场调研问卷，印刷5000份，选择10个城市的皮鞋连锁店、专卖店、百货商场等进行全面问卷调查，弄清所存在的问题。

七、调研期限

1990年8月10日～9月10日，共计一个月。

八、经费预算

经费预算见表1-1。

表1-1 经费预算

项　　目	金　　额	计 算 依 据
差旅费	45000	每人每天开支150元
文印费	2000	每份调查表印刷0.4元
出差补贴	15000	每人每天补贴50元
其他费用	3000	
合计	65000	

金猴皮鞋集团公司市场营销科

1990年7月20日

5. 金猴皮鞋集团公司市场营销科的调研人员经过一个月的市场调查，取得第一手市场调研资料，试根据市场调研的资料撰写一份市场调研报告。调研资料如下：

本次调研是针对10个城市的城市市民进行面对面走访和问卷调查，共发放调查问卷5000

份，收到有效问卷 4500 份，回收率 90%。10 个城市的市场调研结果统计见表 1-2。

表 1-2   10 个城市的市场调研结果统计

省份	是否购买		广 告		产 品		款 式		品 牌		价 格	
	有	没有	看过	没有	质好	一般	满意	一般	有名	没名	价高	一般
河北	60%	40%	45%	55%	75%	25%	80%	20%	68%	32%	60%	40%
山东	70%	30%	68%	32%	80%	20%	85%	15%	78%	22%	65%	35%
安徽	50%	50%	30%	70%	80%	20%	78%	22%	55%	45%	78%	22%
浙江	11%	89%	15%	85%	78%	22%	60%	40%	12%	88%	40%	60%
广东	2%	98%	8%	92%	80%	20%	40%	60%	1%	99%	22%	78%

题解：

市场调研报告一般由题页、目录、概要、主体部分、调研建议、附件等部分构成，其中，主体部分是市场调研报告的主要部分，必须准确地阐明全部有关的论据，包括问题的提出、引出的结论、论证的全部过程、分析研究问题的方法等。调研建议是根据调研结果，并结合企业所面临的优势与困难，提出相应的解决方法、措施或建议。

金猴皮鞋市场调研报告

一、调研采样

山东省的济南市、菏泽市；河北省的保定市、承德市；安徽省的合肥市、安庆市；浙江省的杭州市、金华市；广东省的广州市、韶关市共 10 个城市。

二、调研时间

1990 年 8 月 10 日～9 月 10 日，共计一个月。

三、调研目的

通过市场调研，制订一个提高金猴皮鞋竞争力和扩大金猴皮鞋销售量的方案，经公司经理部批准全面实施。

四、调研方法

本次调研针对 10 个城市的城市市民进行面对面走访和问卷调查，共发放调查问卷 5000 份，收到有效问卷 4500 份，回收率 90%。

五、调研结果

10 个城市的市场调查结果统计见表 1-3。

表 1-3   10 个城市的市场调查结果统计

省份	是否购买		广 告		产 品		款 式		品 牌		价 格	
	有	没有	看过	没有	质好	一般	满意	一般	有名	没名	价高	一般
河北	60%	40%	45%	55%	75%	25%	80%	20%	68%	32%	60%	40%
山东	70%	30%	68%	32%	80%	20%	85%	15%	78%	22%	65%	35%
安徽	50%	50%	30%	70%	80%	20%	78%	22%	55%	45%	78%	22%
浙江	11%	89%	15%	85%	78%	22%	60%	40%	12%	88%	40%	60%
广东	2%	98%	8%	92%	80%	20%	40%	60%	1%	99%	22%	78%

1. 金猴皮鞋在南方市场尤其是在广东的销售量很低，只有 2% 的被调查者购买过金猴皮鞋。

2. 金猴皮鞋的广告覆盖率不高，大部分南方省份的消费者没有看过或听过金猴皮鞋的广告。

3. 金猴皮鞋的产品质量得到了广大消费者的认可，且南方市场消费者的认可度很高，其中山东、安徽和广东达到80%。

4. 金猴品牌在南方市场的知名度较低，尤其是在广东市场。

5. 金猴皮鞋的价格为广大消费者所能接受，尤其是广东市场的消费者认为其价高的比率只有22%。

六、调研建议

1. 提高产品质量，更好地满足消费者需求。

2. 加强广告宣传，尤其是在南方市场，如广东省、浙江省。

3. 加强新产品开发，款式设计应注意新颖、多样。

4. 推进品牌建设，树立公司及其品牌的形象。

5. 努力降低产品成本，适当调整价格，提高市场竞争能力。

金猴集团公司市场营销科

1990年9月25日

【案例练习】

1. 金猴集团将某款式皮鞋先试制一小批，投放到特定目标市场销售，并观察和收集用户的意见与反映，这种调查方式称为（　　　）。

    A. 访问调查   B. 观察调查   C. 实验调查   D. 网络调查

2. 金猴集团在综合比较企业各种产品的盈利与销售情况后，发现童鞋的销售最不理想，为此专门组织了　次针对童鞋的详细调查，了解其中的缘由，这种调查方式称为（　　　）。

    A. 全面调查   B. 典型调查   C. 抽样调查   D. 重点调查

3. 结合案例背景资料分析，市场调研一般应从哪些方面进行？

4. 在具体市场调查过程中，金猴集团应如何控制调查质量？

5. 效仿以下消费者市场调查问卷，请为金猴集团设计一份能体现组织市场需求特点的调查问卷。

6. 金猴集团市场营销科为有效开展市场调研工作，设计了以下这份消费者市场调查问卷。调查问卷中的"请问您的年龄是（　　　）"，该项提问是否存在不足？为什么？应如何修改？

金猴皮鞋市场调查问卷

尊敬的顾客:

您好!

为了更好地满足您对金猴皮鞋的需求，我公司设计了此份问卷，恳请您参与我们的调查，以便我们在新的一年能有所提高和改进，更好地满足您的需求。

1. 请问您的职业是（　　　）。

    A. 机关事业单位工作人员   B. 企业管理人员

    C. 企业工程技术人员   D. 其他

2. 请问您的年龄是（　　　）。

3. 请问您的月收入是（　　　）。

A. 1000 元以下 　　　　　　　　　B. 1000～3000 元

C. 3000～5000 元 　　　　　　　　D. 5000 元以上

4. 您购买过金猴皮鞋吗？（　　　）

A. 没有购买过　　　B. 购买过 1 次　　　C. 购买过多次　　　D. 经常购买

5. 您购买金猴皮鞋的价格是（　　　）。

A. 100 元以下　　　　B. 100～300 元　　　C. 300～800 元　　　D. 800 元以上

6. 您认为金猴皮鞋的价格制订得（　　　）。

A. 太高　　　　　　B. 较高　　　　　　C. 合理　　　　　　D. 较低

7. 您对金猴皮鞋的质量满意程度是（　　　）。

A. 很满意　　　　　B. 较满意　　　　　C. 一般满意　　　　D. 不满意

8. 您认为金猴皮鞋的款式、品种能否符合您的心意？（　　　）

A. 很符合　　　　　B. 较符合　　　　　C. 一般符合　　　　D. 不符合

9. 您除了购买金猴皮鞋，还购买过什么品牌的皮鞋？（　　　）

A. 奥康　　　　　　B. 森达　　　　　　C. 意尔康　　　　　D. 红蜻蜓

E. 其他

10. 您购买皮鞋时，对品牌有什么看法？（　　　）

A. 专买某一品牌　　　　　　　　　B. 选择两三个品牌

C. 经常更换品牌　　　　　　　　　D. 不在乎品牌

11. 您一般喜欢在什么地方购买皮鞋？（　　　）

A. 大中型商场　　　B. 超市　　　　　　C. 专卖店　　　　　D. 其他

12. 您是否看过（听过）金猴皮鞋的广告？（　　　）

A. 是　　　　　　　B. 否

13. 您认为金猴皮鞋的广告做得怎么样？（　　　）

A. 很好　　　　　　B. 较好　　　　　　C. 一般　　　　　　D. 不太好

14. 您觉得金猴皮鞋的销售人员的服务态度如何？（　　　）

A. 很好　　　　　　B. 较好　　　　　　C. 一般　　　　　　D. 不太好

15. 您认为金猴皮鞋还应从哪些方面做出改进？

谢谢您的配合与支持！您提供的资料，我们决不对外公开！

金猴集团有限公司

1990 年 8 月

【综合训练】

广东千百度日化用品有限公司位于富饶的潮汕平原，坐落于美丽的滨海城市——汕头市，是一家中马合资经营企业，其中中方持股 51%，马来西亚方持股 49%，公司成立于 1991年，经过多年的风风雨雨、艰苦奋斗，现产品有三大系列（洗发水、洗衣粉、香皂系列）、四大品牌（千百度、千千秀、千日香、千千净），20 多个品种，年销售收入达到 2 亿元人民币，是一家快速成长的活力型工业企业。

广东千百度日化用品有限公司为了推广公司即将面世的新产品，对公司生产的系列产品的需求状况进行了一次全面的市场调研。公司首先拟定了市场调研计划，根据调研计划要求，公司将从三个方面进行本次调研活动：一是进行一次问卷调查；二是通过消费者试用产品收集意见；三是由公司的销售人员深入市场，从中了解消费者和经销商的相关意见。

公司所发放的调查问卷设计得十分具体、清晰、简单、易懂，便于公司选定的目标市场——农村城镇市场消费者的理解和作答。公司将市场调研后回收的有效问卷的信息输入计算机，依靠相应的软件进行详细的分析。在消费者免费试用方面，公司邀请了 100 个家庭作为调研家庭，让他们免费试用公司产品，然后从他们那里收集各种产品的改进意见。同时公司的销售人员经常深入市场，观察消费者购买公司产品的行为，了解他们对公司产品的意见，并深入访问经销商，询问经销商的销售状况，征集产品改进建议。

随后千百度公司的一系列行动都是紧紧围绕着市场开展。首先，建立了一套完整的产品质量管理体系，加强产品的质量管理和控制，坚决不允许不合格的产品出厂；其次，重视并依据消费者的需求，加快产品的技术开发，争取生产一代，研制一代，酝酿一代，以最大限度地满足消费者的需求。

试根据案例完成以下问题：

1. 千百度公司通过本次市场调研活动，主要能收集到以下哪些方面的市场信息？（　　　）
    A. 消费者的消费特点   B. 市场环境
    C. 经销商的建议   D. 市场容量

2. 以下哪些是千百度公司获取市场信息所采用的方法？（　　　）
    A. 专家意见法   B. 销售人员意见法
    C. 消费者意向调查法   D. 市场试销法

3. 千百度公司的销售人员经常深入市场，观察消费者购买公司产品的行为，了解他们对公司产品的意见，这种市场调查方法是（　　　）。
    A. 邮寄调查   B. 观察调查   C. 面谈调查   D. 访问调查

4. 根据千百度公司的调研计划要求，公司在哪些方面开展了市场调研活动？

5. 千百度公司在对市场调研资料进行分析之后，是怎样开展工作的？他们得出了什么样的结论？

6. 请为千百度日化公司设计一份能体现农村城镇市场需求特点的调查问卷。

任务二　市场调查问卷陈述训练

【实训例讲】

点金网络顾客满意度调查问卷

尊敬的客户：

您好！

值此新春佳节来临之际，点金网络感谢您对我公司的大力支持，并祝大家新年快乐！生意兴隆！万事如意！全家幸福！"为您提供适用的解决方案"是我公司一贯秉持的质量方针，为了继续为您提供更好的产品与服务，点金网络恳请您参加本次顾客满意度调查，以评价点金网络为您提供过的产品或服务的实际质量，并请您提出宝贵的意见，以便我公司在以后的日子里继续提高和改进，更好地为您服务。

1. 您是通过什么渠道知道点金网络的？（　　　）
    A. 黄页广告   B. 网络搜索   C. 客户介绍   D. 其他

2. 您对点金网络的设计制作水平是否满意？（　　　）

    A．非常满意　　　　　B．比较满意　　　　　C．一般满意　　　　D．不满意

3. 您对点金网络的网站编程技术是否满意？（　　　）

    A．非常满意　　　　　B．比较满意　　　　　C．一般满意　　　　D．不满意

4. 您的网站建完后，是否达到预期的效果？（　　　）

    A．效果明显　　　　　　　　　　　　　B．效果一般

    C．效果不太好　　　　　　　　　　　　D．不知道效果如何

5. 您对网站的稳定性和速度是否满意？（　　　）

    A．非常满意　　　　　B．比较满意　　　　　C．一般满意　　　　D．不满意

6. 您对我公司提供的"企业邮局"的稳定性和速度是否满意？（　　　）

    A．非常满意　　　　　B．比较满意　　　　　C．一般满意　　　　D．不满意

7. 您对我公司技术人员故障处理速度是否满意？（　　　）

    A．非常满意　　　　　B．比较满意　　　　　C．一般满意　　　　D．不满意

8. 您认为我公司提供的服务及其相关产品的种类丰富吗？（　　　）

    A．挺丰富　　　　　　B．较丰富　　　　　　C．一般丰富　　　　D．还不够

9. 您对我公司员工的服务态度是否满意？（　　　）

    A．非常满意　　　　　B．比较满意　　　　　C．一般满意　　　　D．不满意

10. 您对我公司邮件回复的规范化及周全性是否满意？（　　　）

    A．非常满意　　　　　B．比较满意　　　　　C．一般满意　　　　D．不满意

11. 您认为我公司在业内的整体形象如何？（　　　）

    A．很好　　　　　　　B．较好　　　　　　　C．一般　　　　　　D．不太好

12. 您在使用我公司的电话系统时是否出现过突然掉线等故障情况？（　　　）

    A．不曾出现　　　B．出现一次　　　C．出现二次　　　D．出现多次

13. 您认为我公司业务人员对产品的熟悉程度如何？（　　　）

    A．普遍很熟悉　　　B．比较熟悉　　　　C．一般熟悉　　　D．不太熟悉

14. 您是否能从点金网络对外发布的广告中有效地获得市场或产品信息？（　　　）

    A．能获得最新、最及时的信息　　　　　B．还过得去

    C．一般　　　　　　　　　　　　　　　D．其他

15. 您对点金网络的什么产品最满意？（　　　）

    A．网站建设　　　B．主机租用　　　　C．"企业邮局"　　D．网站推广

    E．域名服务　　　　F．不知道

16. 您对我公司的希望与建议：

谢谢您的配合与支持！我们决不对外公开您提供的资料！

汕头点金网络有限公司

2008 年 5 月

【实训目的】

① 能搜寻到一张完整的市场调查问卷。

② 能清晰表达出该市场调查问卷的内容。

③ 能总结归纳出该市场调查问卷的特色或特点。

④ 能简要说出选择该市场调查问卷的理由。

【实训组织】

① 布置任务：将教学班学生按每组 6～8 人的标准划分成若干任务小组，每个小组成员搜寻一份市场调查问卷。

② 搜索选择：各小组成员总结归纳自己所搜寻到的市场调查问卷的特点（该问卷的提问是否符合要求），列明选择该市场调查问卷的理由，之后形成市场调查问卷课堂实训报告，报告格式见图 1-3。

市场调查问卷课堂实训报告

第 ___1___ 次实训

班级_____ 学号_____ 姓名_____ 实训评分_____

实训时间_____ 实训名称 <u>市场调查问卷课堂实训</u>

一、市场调查问卷的内容

二、市场调查问卷的特点

三、选择该调查问卷的理由

四、实训心得体会

五、实训评价（指导教师填写）

图 1-3　市场调查问卷课堂实训报告格式

③ 课堂陈述：各小组成员上交市场调查问卷课堂实训报告，由指导教师从每组中选择一份具有代表性的市场调查问卷实训报告，并邀请其作者代表小组上台陈述。

④ 评价效果：各小组代表陈述后，指导教师点评该次市场调查问卷实训的情况，并由全班同学不记名投票，评选出该次课堂实训的获奖小组，给予表扬与奖励。

任务三　市场调查问卷设计训练

【实训背景】

江西泉美矿泉饮品有限公司是于 1997 年成立的一家生产"泉美"牌深层矿泉水的公司。经过 10 年的努力，公司有了长足的发展，鉴于矿泉水市场竞争过于激烈，企业发展空间日趋缩小，为了有效拓展公司的发展空间，增强公司的市场竞争力，2007 年 5 月，公司决定投产开发一种矿泉茶饮品，该产品是以深层矿泉水和优质高山茶叶为原料，利用高科技技术进行生产的，该矿泉茶饮品具有丰富矿物质和高山茶元素，能有效地促进食物消化和营养吸收，是一种兼具保健和减肥功效的绿色饮品。公司希望深入详细地了解该产品的消费者需求、市场竞争状况等信息，于是决定由公司市场营销部牵头开展一个月的市场调研活动。

请以公司市场营销部的名义向公司董事会和总经理提交一份开展市场营销调研的调研

计划书和市场调查问卷。

【实训目的】

① 能认识并实现组织分工与团队合作。

② 能撰写出符合格式要求的营销调研计划书。

③ 能设计出符合营销目标要求的调查问卷。

④ 能整理总结出营销调研课题分析报告。

⑤ 能清晰地口头表达出营销调研实训心得。

【实训组织】

① 组建实训课题小组：将教学班学生按每组 6～8 人的标准划分成若干课题小组，每个小组指定或推选出一名小组长。

② 确定实训小组课题：每个小组根据营销调研背景资料的要求，制作完成一份营销调研计划书和一份调查问卷。

③ 实施调研课题研究：各小组长根据营销调研的计划调配资源，明确各组员的任务，并督促大家有效地完成任务，包括营销调研计划书的草拟、修改和定稿，营销调查问卷项目的确定，营销调研课题分析报告的撰写、打印，以及小组的发言等。

④ 撰写实训课题报告：每个小组完成一份市场调研课题分析报告。报告格式见图1-4。

⑤ 陈述调研实训心得：由各个小组推荐的发言人或小组长代表本小组陈述本小组实训课题分析报告和实训心得。

营销调研课题分析实训报告

第 ___1___ 次实训

班级_____ 学号_____ 姓名_____ 实训评分_____

实训时间_____ 实训名称 营销调研课题分析

一、实训案例背景

二、实训目标要求

三、实训操作内容

四、实训心得体会

五、实训评价（指导教师填写）

图1-4　营销调研课题分析实训报告

岗位工具模板

1．市场调研方案设计模板

市场调研方案设计模板见表1-4。

表 1-4　市场调研方案设计模板

调研地点		调研时间	＿＿年＿月＿日到＿月＿日	
调研背景				
调研目的				
调研方法				
调研对象				
调研日程安排	时间安排	进度情况	备注	
调研经费预算	费用项目	费用预算	备注	
调研人员安排				
调研质量控制措施				

2.竞争对手调查表模板

竞争对手调查表模板见表1-5。

表 1-5　竞争对手调查表模板

调查区域		调查人员姓名		调查时间	
企业基本情况	竞争对手名称				
	企业地址				
	营销方针及做法				
	主要销售方式				
销售人员情况	销售人员姓名		学历		
	销售人员特长		年龄		
	待遇水平		主要客户		
	服务时间		其他		
产品情况	产品种类		产品规格		
	产品性能		产品品质		
	产品价格		市场占有率		
补充说明					

3.竞争品牌调查表模板

竞争品牌调查表模板见表1-6。

表 1-6　竞争品牌调查表模板

调查地点		具体地址	
品名		本企业类似产品	
规格		包装样式	
零售价		陈列数量	
陈列位置情况			
促销活动情况			
销售人员情况			
销售人员平均营业额			
备　注			

4．购买行为调查表模板

购买行为调查表模板见表1-7。

表1-7　购买行为调查表模板

购买行为	商　品　A	商　品　B	商　品　C	备　　注
购买				
仔细了解，但没有购买				
只看看				
匆匆而过				

5．产品销售情况调查表模板

产品销售情况调查表模板见表1-8。

表1-8　产品销售情况调查表模板

产品名称	平均成本	平均售价	计划销量	实际销量	计划完成率	差异分析
产品A						
产品B						
产品C						
合　　计						

6．销售管理工作调查表模板

销售管理工作调查表模板见表1-9。

表1-9　销售管理工作调查表模板

调查项目	具体事项	调查内容
顾客调查	销售网	销售网的形式是否适当	
		如何进行销售网的维护与扩大	
	客户	客户的选定方法有哪些	
		拜访客户状况	
		试用调查与实况调查	
		客户接受同业竞争的程度	
	交易方式	交易方式的效果	
		交易绩效与交易方式的关系	
价格	价格水平	如何决定价格	
		与市场的比较	
		各种产品的利润	
	价格与销量	价格下降对销售量的影响	
销售推广	外托工厂供应时	外托工厂的意向如何	
		客户的要求如何	
		不良品的退货及付款情况	
		增加主要客户的分析	

（续）

调查项目		具体事项	调查内容
销售推广	自行生产时	广告的程度	
		市场调查与产品的研究	
		销售网的利用情况	
		同业竞争的重点	
销售业务	信件表单处理	接受订货的来往信件的处理	
		订货资料的整理	
	销售配额	推销员与代理商的配额	
		办公室内的事务管制	

第 2 章 营销环境管理实训

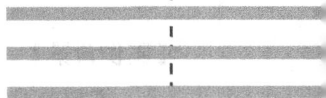

岗位工作认识

一、岗位技能要求

1. 能理解和运用购买行为分析法。
2. 能理解和设计 SWOT 分析表。
3. 能理解和撰写 SWOT 分析报告。

二、岗位工作描述

营销环境管理岗位工作描述如图 2-1 所示。

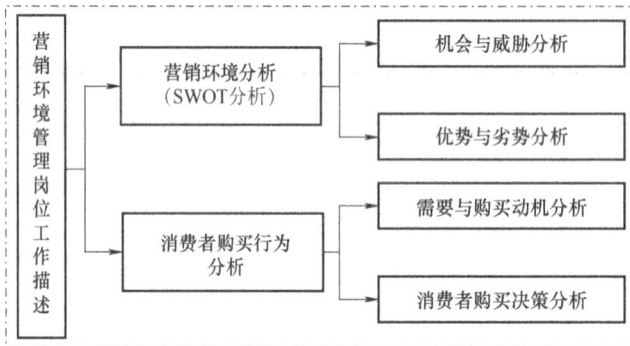

图 2-1　营销环境管理岗位工作描述

三、岗位工作程序

营销环境管理岗位工作程序如图 2-2 所示。

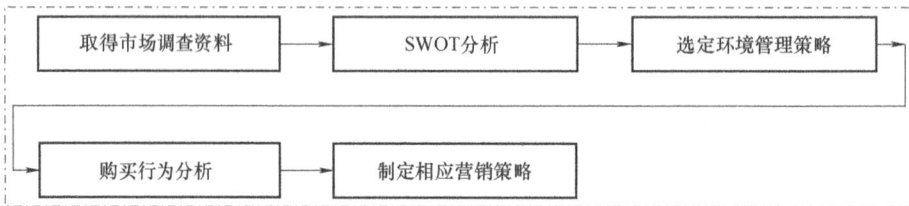

图 2-2　营销环境管理岗位工作程序

岗位技能训练

任务一　营销环境案例分析

【案例背景】

一、市场营销机会与环境威胁分析

我国是世界上最大的鞋类生产和出口国，截至 2003 年底，我国有各类制鞋企业两万多家，出口企业超过 5000 家，2003 年全国制鞋总产量近 70 亿双，占世界总产量的 53%，鞋类出口占世界出口总量的 60%以上，并处于主导地位，在资源、劳动力、价格等方面有较大优势。

目前，我国鞋业出口绝大部分仍是中低档品种，价格较低，各个企业为扩大各自产品的销售，竞相压价，竞争非常激烈，一般为 10～30 美元，很多甚至低于 10 美元；出口鞋中高档及自有品牌所占比例很小，且出口产品多以贴牌生产方式进行。然而，金猴皮鞋自 1996 年开始，先后在日本、韩国、美国、柬埔寨等几个国家申请注册了"金猴"商标，为走向国际市场铺平了道路。为避免一些鱼目混珠的商标的侵害，1997 年，金猴集团依法对"孙悟空""孙大圣""美猴王""齐天大圣""孙行者""悟空""大圣"共 7 个与"金猴"类似的商标进行了防御性注册。1998 年 9 月，金猴集团与意大利著名的 COMCEDIA 公司签订合作协议。金猴集团以"金猴"这一著名品牌投资、对方以技术投资，双方开始了共同在意大利生产"JINHOU"牌皮鞋、产品，直接销往欧美市场的合作。

自 1995 年以来，欧盟接连对自中国进口的部分鞋类产品进行数量限制和征收高额反倾销税，虽然到 2005 年，欧盟全面放开进口限制，但以德国、法国、意大利、西班牙为主的欧洲传统制鞋国则希望凭借其自身的技术及经济优势，以保护环境和保障人身安全为借口，不断通过立法或制定苛刻的技术标准和环境标准等，对我国的鞋类出口进行限制。为适应欧洲市场的需要，金猴皮鞋自 1997 年组建皮革制品省级技术中心，不断开发新产品，提高产品档次，以减少竞争的压力和出口的限制。

随着我国加入 WTO，国际贸易一体化竞争时代到来，虽然这对我国皮鞋的出口扫除了很多贸易障碍，但是，国外品牌进军我国的限制也相应减少，国外品牌进口鞋价格大幅度下降对国内市场造成的强大冲击，宣告了我国鞋产品超额利润时代的结束。当鞋类市场步入高竞争和微利时代，国内鞋产业面对鞋产品形成的买方市场格局，出现了降价甩卖抢占有限市场空间的短期行为，从而造成鞋类产品市场的竞争异常激烈。

随着改革开放的深入，人们的生活水平有了很大的提高，尤其是大中城市、沿海开放城市的居民对鞋产品的需求已不再局限于产品的质量，还注重鞋产品的款式、品牌、服务等。金猴皮鞋自 20 世纪 90 年代就开始重视皮鞋品牌的建设，1999 年金猴皮鞋商标被认定为中国驰名商标，成为威海市第一个中国驰名商标；2002 年金猴皮鞋又被认定为中国名牌产品；随后金猴皮具也被认定为中国驰名商标和中国名牌产品。2012 年金猴皮鞋名列由中国轻工业联合会、中国皮革协会共同发布的"真皮标志排头产品"十大"中国真皮领先鞋王"前三名，金猴皮具稳坐十大"中国箱包领先品牌"第二位。目前，金猴集团是全国同行业唯一拥有两个驰名商标和两个名牌产品的企业。

二、企业竞争优势与不足的分析

虽然金猴皮鞋的品牌建设已有十多年的历史，企业有着独特的竞争优势，但是金猴皮鞋的营销也还面临着前所未有的巨大挑战。

首先，对企业而言，人才是第一资源，是发展的重中之重、关键中的关键。为此，金猴集团牢固树立"人才强企"观念，重视人才战略性工作，集团坚持唯贤是举，唯才是用；不唯学历，只看能力；举贤不避亲，广开渠道引进和挖掘、培养各类人才，并明确政策，落实待遇，以巩固人才队伍，如集团的住房待遇政策：①为集团总部招聘的高级人才，在试用期满并考核合格后，公司在威海主城区范围内给予住房一套（100～120m²），服务期8～10年，服务期满后房屋产权归被聘人所有；②为子公司经营层招聘的中级人才，在试用期满并考核合格后，公司在威海主城区范围内给予住房一套（80～90m²），服务期8～10年，服务期满后房屋产权归被聘人所有；③对集团和各子公司招聘的各种有特长的实用人才，在试用期满并考核合格后，公司在环翠区范围内给予住房一套（60～80m²），服务期8～10年，服务期满后房屋产权归被聘人所有；④为行政部室、生产车间、技术部门、销售部门招聘的基层人才，在试用期满并考核合格后，公司给予住房一套（分60～70m²和80～90m²两个档次），无服务期限。被聘人在服务期内享有居住权，没有产权。

其次，金猴集团积极拓展军品市场并卓有成效。金猴集团现已成为中国人民解放军和武装警察部队将军皮鞋、校尉皮鞋、礼服皮鞋、女军官皮鞋等多个品种的军用皮鞋及多个品种军用箱、包、带的唯一研发和主要生产单位。2009年以总分第一名的成绩入选新中国成立60周年国庆大阅兵鞋、三军女兵方队和女民兵方队阅兵靴生产商。金猴军品的成功在给"金猴"开拓了一条新的发展之路的同时，也为其传统主业的发展开辟了新空间。

最后，纵观金猴品牌营销的总体走势，金猴品牌营销要进行战略性提升的必要性越来越明显。其一，金猴品牌营销虽然抓住了"以网制胜、终端建设"这个核心，但是真正的品牌连锁专卖能力并不强，规范与创新不足。其二，金猴集团营销的重心下移，许多品牌网点铺设过快，但其营销组织却十分薄弱，难以形成核心管理优势。其三，金猴企业的营销组织尚处于单兵作战阶段，不具备专业分工和集群作战能力。其四，随着消费心理的理性化、需求的个性化以及中产阶级、E时代消费群的兴起，对消费者行为的研究将成为趋势，金猴品牌面临创新的"营销战略模型"。其五，鞋业企业的目标市场将从大众化市场走向真正的细分市场，金猴品牌需要千方百计地整合资源，提高营运能力。其六，鞋业品牌国际化和国际品牌本土化之风日兴，当金猴品牌与国际品牌同台竞技时，金猴集团的竞争能力显得单薄，竞争资源并不丰厚。

【案例题解】

1. 同为生产皮鞋，不同品牌的企业之间的竞争关系称为（　　　）。
   A. 愿望竞争　　　　　　　　　　　　B. 属类竞争
   C. 产品形式竞争　　　　　　　　　　D. 品牌竞争

题解：

① 愿望竞争是指提供不同产品以满足不同需求的竞争。

② 属类竞争是指提供不同产品以满足同一种需求的竞争。

③ 产品形式竞争是指满足同一种需求的产品的各种形式间的竞争。

④ 品牌竞争是指满足同一种需求的同种形式产品不同品牌间的竞争。

2. 消费者购买皮鞋的购买行为一般是（　　　）。
   A. 复杂的购买行为　　　　　　　　　B. 寻求多样化购买行为
   C. 化解不协调购买行为　　　　　　　D. 习惯性购买行为

题解：

① 复杂的购买行为是指消费者初次购买差异性很大的耐用消费品时发生的购买行为。消费者需要经过一个认真考虑的过程，广泛收集各种有关信息，反复评估，最后慎重做出购买选择。

② 寻求多样化购买行为是指为了使消费多样化而经常变换品牌的一种购买行为。

③ 化解不协调购买行为是指消费者购买差异不大的商品时发生的购买行为。

④ 习惯性购买行为是指一种简单的购买行为，一种常规的反应行为。购买时，消费者一般不需寻找、搜集有关信息，只是习惯性购买商品。

3. 随着我国经济的快速发展，人们的收入水平有了很大的提高，恩格尔系数将_____，人们用于购买皮鞋的支出将_____。（   ）

    A．降低、减少　　　B．降低、增加　　　C．升高、减少　　　D．升高、增加

题解：

恩格尔系数是指食品支出占总支出的比重，收入提高，则食品支出的比重下降，其他支出的比重相应将提高。

4. 对消费者购买皮鞋的行为，具有最广泛而深刻影响的因素是（   ）。

    A．经济因素　　　　B．个性因素　　　　C．社会因素　　　　D．心理因素

题解：

① 经济因素是影响消费者购买行为的直接因素，它包括消费者收入、消费品价格等。

② 个性因素包括个人的年龄、职业、收入、个性、生活方式等。

③ 社会因素主要包括社会文化、相关群体、社会阶层、家庭等，它们将影响着消费者的购买行为。

④ 心理因素是影响消费者购买行为最主要的因素，包括激励、知觉、学习、态度等。

5. 结合案例分析金猴皮鞋面临的市场机会和环境威胁。

题解：

金猴皮鞋面临的市场机会

① 随着我国加入WTO，国际贸易一体化竞争时代的到来，为我国皮鞋的出口铺平了道路。

② 人们生活水平有了很大的提高，尤其是大中城市和沿海开放城市的居民，他们的生活水平已达到小康水平。金猴品牌被国家工商局认定为"中国驰名商标"，2004年和2005年，金猴品牌先后被世界权威评估机构列入中国500个最具价值的品牌。

金猴皮鞋面临的环境威胁

① 目前我国鞋业出口绝大部分仍是中低档品种，价格较低，鞋类出口频频遭到国外反倾销的调查，自1995年以来，欧盟接连对自中国进口的部分鞋类产品进行数量限制和征收高额反倾销税，虽然到2005年，欧盟全面放开进口限制，但以德国、法国、意大利、西班牙为主的欧洲传统制鞋国则希望凭借其自身的技术及经济优势，以保护环境和保障人身安全为借口，不断通过立法或制定苛刻的技术标准和环境标准等，对我国的鞋类出口进行限制。

② 国内鞋产业面对鞋产品形成的买方市场格局，出现了降价甩卖抢占有限市场空间的短期行为，从而造成鞋类产品的竞争异常激烈。

③ 国外品牌进军我国的限制减少，国外品牌进口鞋价格大幅度下降对国内市场造成的强大冲击，宣告了我国鞋产品超额利润时代的结束。鞋类市场步入高竞争和微利时代。

【案例练习】

1. 马斯洛的人类需求层次理论把人类的需求划分为5个层次，其中人类最高层次的需求是（   ）。

    A．生理需求　　　B．安全需求　　　C．尊重需求　　　D．自我实现需求

2. 消费者从广告上获得有关金猴皮鞋促销的信息，这种信息来源属于（　　）。
   A. 个人来源　　　　B. 大众来源　　　　C. 商业来源　　　　D. 经验来源
3. 结合案例分析金猴皮鞋的竞争优势和竞争劣势。
4. 使用 SWOT 分析表列出金猴皮鞋的机会、威胁、优势及劣势。

【综合训练】

我国是一个典型的农业大国，一家日用消费品企业如果能在中国的农村市场占有5%的份额，一个销售周期就有1亿～2亿元的营业收入，一年的销售总额起码不会低于2亿元。如此巨大的市场空间和拓展潜力令许多企业对于农村市场跃跃欲试，作为日化用品生产的新兴企业，千百度公司自公司成立之日起，就把农村城镇市场作为公司的目标市场，历经数载耕耘，通过真实、直观的大规模产品功能演示，让广大的农村消费者对于公司的系列产品有了初步的认知，公司也逐渐夯实了其产品在农村市场的坚实基础。

相对于城市的日化用品市场而言，我国的农村市场还是一片等待开发的处女地。20世纪80年代，当我国的城市消费者开始走出商品短缺时代的"肥皂+香皂"的家化产品格局，进入"肥皂、香皂+洗衣粉"的家用日化用品时代时，我国的农村消费者还把肥皂作为唯一的清洁用品，一些偏远的地方甚至还在使用土皂角。进入20世纪90年代直至今，各种品牌的家用日化产品销势如火如荼，当我国的城市消费者开始自主选择香皂、洗发水、洗洁精、洗手液等产品时，农村消费者才刚刚开始接受品种有限的日化用品，但由于认知和购买力的原因，对于品牌知名度、各种功能、品质等因素几乎很少关注，价格的高低依然是影响其购买决策的重要因素。一些知名度较高的品牌由于其售价相对较高，在农村市场的销售量很低，根据调查，目前我国大部分的农村市场畅销的大都是一些小作坊生产的产品。

虽然农村消费者的经济收入水平有了改善，但他们长期以来依然保持着厉行节俭的作风，对于花钱显得比较谨慎。在我国的很多农村地区，一个能在本村开店的人家可算得上是殷实之户了，其店主也常被视为见多识广、有钱能干的人，这就使得店主无形中就扮演了"舆论领袖"的角色，由他向农村消费者推荐产品效果会比较好。这也将是千百度公司乡镇农村终端网络渗透所要突破的关键。

试根据案例完成以下问题：
1. 消费者购买动机的基础、购买行为的起点是（　　）。
   A. 感情　　　　B. 需要　　　　C. 产品价值　　　　D. 经济收入
2. 农村市场中的某些消费者因经济收入水平有限而以追求产品的物美价廉为主要目标，这种购买动机是（　　）。
   A. 求实倾向　　　　B. 求新倾向　　　　C. 求名倾向　　　　D. 求廉倾向
3. 农村市场中的很多年轻消费者在购买洗发水产品时，喜欢选择那些知名明星做广告的产品，请问这是受（　　）的影响。
   A. 主要群体　　　　B. 次要群体　　　　C. 崇拜群体　　　　D. 次级群体
4. 大多数农村消费者在购买洗发水产品时，是凭个人以前购买使用或当前试验中获得的感受进行购买，请问对农村消费者来说，评价信息可靠性的依据是（　　）。
   A. 个人来源　　　　B. 经验来源　　　　C. 商业来源　　　　D. 大众来源
5. 结合案例分析，农村城镇日化用品市场与城市市场相比有什么特点？

任务二 SWOT 分析法应用陈述训练

【实训例讲】

康佳公司的 SWOT 分析

一、优势（S）

（1）品牌优势 持续的名牌战略使得康佳品牌具有极高的知名度和美誉度。据有关机构评估，康佳品牌价值 78.87 亿元，居国内品牌第六位，并被国家工商局认定为"中国驰名商标"。品牌这一巨额的无形资产成为康佳扩大市场的有力武器。

（2）融资渠道 康佳 A、B 股同时上市，资信优良，是各大商业银行的黄金客户和银企合作对象。1997 年、1998 年和 1999 年，中国银行分别向康佳提供了 38 亿元、42 亿元和 50 亿元人民币的融资额度；1999 年，康佳新增发行 8000 万 A 股，筹资 12 亿元人民币；加上母公司和各级政府鼎力扶持，公司实力雄厚，融资渠道广阔。

（3）营销网络 康佳在全国各大中心城市设立了 60 多家销售分公司，与全国 95%以上的地市级大商场开展工商合作，终端销售商达到乡镇一级，建立了 300 多个特约维修站和 1000 多个外联维修点，形成了覆盖全国的市场销售网络和售后服务体系。

（4）成熟管理 康佳作为中国首家中外合资电子企业和第一批公众股份制公司，很早就按现代企业制度和市场竞争机制运作，形成了规范、高效的管理体系和运行机制。特别是在质量管理和生产组织方面，康佳是我国彩电行业首家通过 ISO9001 质量管理体系、ISO4001 环境管理体系国际国内双重认证的企业。

二、劣势（W）

一方面，彩电属于劳动密集型行业，康佳地处深圳特区，相对于长虹等处于我国中西部地区的竞争对手而言，其生产成本、管理成本、运输费用较高；另一方面，如果仅立足深圳，康佳的市场辐射半径难以覆盖全国，特别是难以打入一些地方彩电品牌所在的区域市场。

三、机会（O）

我国中西部一些国有彩电生产企业，拥有优良的厂房、设备，素质较高的干部、工人，低廉的生产成本，一定区位的市场，但是由于机制、市场等方面的原因，在愈来愈激烈的竞争中败下阵来，债务积压，工人下岗，设备闲置，急于寻找出路。康佳这样的优质企业可以通过收购、兼并、扶持等途径来实现与其他企业的双赢。此外，国家也鼓励东部沿海企业到中西部投资、交流，并出台了相关优惠政策。

四、威胁（T）

竞争对手依靠其规模和成本优势不断挑起价格战；一些新面孔，以超低价挤进业已竞争激励的彩电市场；东芝、索尼、三星等跨国公司一改单纯出口的方式，纷纷以合资的形式进入中国市场，实现本土生产、本土销售等。

【实训目的】

① 能搜寻到一张有特色的 SWOT 分析表。

② 能清晰表达出该 SWOT 分析表的内容。

③ 能总结归纳出该 SWOT 分析表的特点。

④ 能简要说出选择该 SWOT 分析表的理由。

【实训组织】

① 布置任务：将教学班学生按每组 6～8 人的标准划分成若干任务小组，每个小组成员

搜寻一份 SWOT 分析表。

② 搜索选择：各小组成员总结归纳自己所搜寻到的 SWOT 分析表的特点（该分析表的主要表现），列明选择该 SWOT 分析表的理由，之后形成 SWOT 分析表课堂实训报告，报告格式如图 2-3 所示。

③ 课堂陈述：各任务小组成员上交 SWOT 分析表课堂实训报告，由指导教师从每组中选择一份具有代表性的 SWOT 分析表实训报告，并邀请其小组代表上台陈述。

④ 评价效果：各小组代表陈述后，指导教师点评该次 SWOT 分析表实训的情况，并由全班同学不记名投票，评选出该次课堂实训的获奖小组，给予表扬与奖励。

SWOT 分析课堂实训报告

第 ___2___ 次实训

班级_____　学号_____　姓名_____　实训评分_____

实训时间_____　实训名称　SWOT 分析课堂实训

一、SWOT 分析的内容

二、SWOT 分析的特点

三、选择该 SWOT 分析的理由

四、实训心得体会

五、实训评价（指导教师填写）

图 2-3　SWOT 分析课堂实训报告格式

任务三　SWOT 分析技能训练

【实训背景】

江西泉美矿泉饮品有限公司市场营销部经过市场调研，认为公司拟开发的矿泉茶饮品有很大的市场发展潜力，决定于 2007 年 6 月投产该矿泉茶饮品。

当前，我国城乡人均生活水平有了很大的提高，同时，城乡肥胖的人越来越多，人们对保健和减肥产品的需求越来越旺盛。现有的减肥和保健产品虽然种类繁多，但均没有形成垄断经营，同时各种产品的功效较为单一：或只具有保健功能，如脑白金、黄金搭档等；或只具有减肥功能，如碧生源。本公司拟生产的矿泉茶饮品，结合了矿泉水与高山茶的双重特征，具有保健与减肥双重功效，它的推出必将引导市场新的需求动向。

请利用 SWOT 分析法对该矿泉茶饮品进行机会、威胁、优势、不足这 4 个方面的分析，并写出分析报告。

【实训目的】

① 能认识并实现组织分工与团队合作。

② 能撰写出符合格式要求的 SWOT 分析表。

③ 能整理总结出 SWOT 分析课题分析报告。

④ 能清晰地口头表达出 SWOT 分析实训心得。

【实训组织】

① 组建实训课题小组：将教学班学生按每组 6～8 人的标准划分成若干课题小组，每个小组指定或推选出一名小组长。

② 确定实训小组课题：每个小组根据 SWOT 分析背景资料的要求，制作完成一份 SWOT 分析表。

③ 实施分析课题研究：各小组长根据 SWOT 分析的计划调配资源，明确各组员的任务，并督促大家有效地完成任务，包括 SWOT 分析表的草拟、修改和定稿，SWOT 分析课题分析报告的撰写、打印，以及小组的发言等。

④ 撰写实训课题报告：每个小组完成一份 SWOT 分析课题分析报告。报告格式如图 2-4 所示。

⑤ 陈述分析实训心得：由各小组推荐的发言人或小组长代表本小组陈述本小组实训课题分析报告和实训心得。

SWOT 分析技能实训报告

第 __2__ 次实训

班级_____ 学号_____ 姓名_____ 实训评分_____

实训时间_____ 实训名称 __SWOT 分析技能实训__

一、实训案例背景

二、实训目标要求

三、实训操作内容

四、实训心得体会

五、实训评价（指导教师填写）

图 2-4　SWOT 分析技能实训报告格式

岗位工具模板

1．机会分析作业表模板

机会分析作业表模板见表 2-1。

表 2-1　机会分析作业表模板

因素分析		拟 选 市 场		
		市 场 1	市 场 2	市 场 3
环　　境	环境综合因素是否对市场选择有利			
市　　场	成长因素和关键因素是什么			
市场潜力	市场客户有多少			
	潜在销售额有多少			
竞　　争	有何竞争优势			
消 费 者	从消费者角度分析市场的特点			
营销目标	开发该市场是否与总体目标一致			
资　　源	是否有或能否获得相应营销、生产等资源			
其　　他	经济因素			
	技术水平因素			
	政治、法律、文化和社会因素			

2．竞争分析作业表模板

竞争分析作业表模板见表 2-2。

表 2-2　竞争分析作业表模板

分析项目		拟选市场		
		市　场　1	市　场　2	市　场　3
竞争优势	是否真实			
	对于用户是否重要			
	是否明确			
	是否有利于促销			
优势来源	竞争方式			
	竞争基础			
	竞争场所			
	竞争对手			
竞争对手	明确的竞争对手名称	1.	1.	1.
		2.	2.	2.
		3.	3.	3.

第3章 目标市场策略实训

3

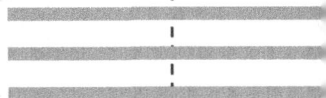

岗位工作认识

一、岗位技能要求

1. 能理解和运用市场细分方法。
2. 能理解和准确实施市场定位。
3. 能掌握产品说明书实训报告的写作方法。

二、岗位工作描述

目标市场管理岗位工作描述如图 3-1 所示。

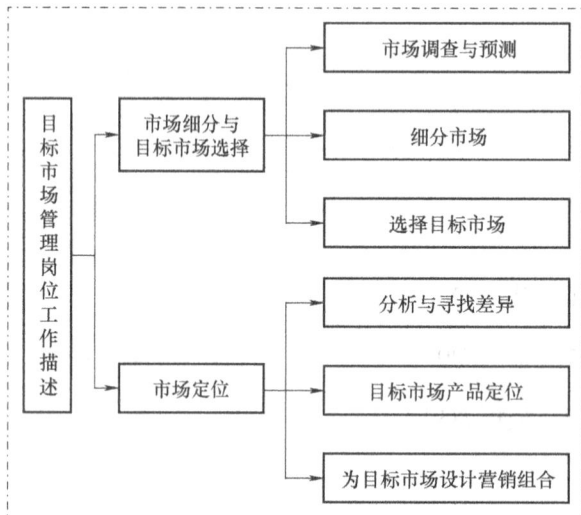

图 3-1　目标市场管理岗位工作描述

三、岗位工作流程

目标市场管理岗位工作流程如图 3-2 所示。

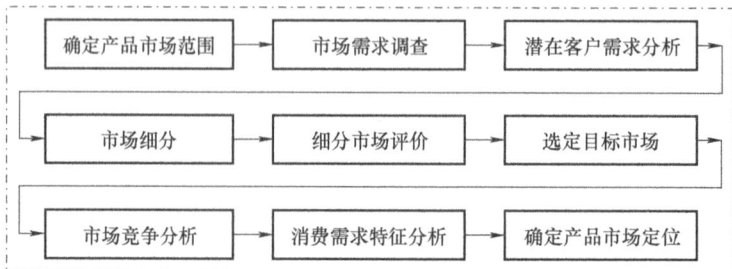

图 3-2　目标市场管理岗位工作流程

岗位技能训练

任务一　目标市场案例分析

【案例背景】

经济学家把"产品"到"货币"的转变比喻为"惊险的一跳"，如果"跳"得不好，"摔坏"的不是产品，而是企业。经过多年的市场拼搏，金猴集团深深懂得了这样一个道理：一个企业要想保持长久的发展优势，不管什么时候，都必须把市场建设、市场营销放在与技术开发、质量保证同等重要的位置，认真加以对待。

一、市场细分策略

要进行市场营销，就要研究市场，我国地域广阔，人口众多，南北文化迥异，消费群体的喜好不同。最关键的是各地经济发展水平不一，消费能力不同，这就需要进行市场细分。金猴集团把整个国内市场科学地划分成三部分，充分依靠市场信息，正确指挥，合理调度，制订并实施了"巩固一线，发展二线，开拓三线"的梯次市场营销策略。一是把全国各主要大中城市以及经济比较发达的东南沿海地区划为一线市场，该地区人口稠密，收入较高，思想观念比较开放，需求量大，购买能力强，是销售主战场。对于这个市场，金猴集团主要采取提供最新产品，加速产品更新换代，保证品种齐全，及时供应，加强服务等措施，激发消费者的购买欲望，提高消费者对"金猴"产品的选择兴趣。二是把中小城市、沿江（长江）沿线（京广线）地区和华中各省划为二线市场，该地区处于城乡接合和东西、南北交界部位，人口密度适中，收入水平一般，消费观念正在发生变化，市场潜力很大，是销售次战场。对于这个市场，金猴集团主要通过加强广告宣传，适当开展促销，把一线市场销售比较成熟的产品投放到二线市场，引导消费，树立品牌形象。三是把西部偏远地区及广大农村划为三线市场，该地区经济处于快速发展中，且地域广阔，人口众多，是一个不能忽视和值得开拓的重要市场，对于这个市场，金猴集团主要是在产品价格上进行优惠，把规模化生产的标准化产品调入这一市场，以做到物美价廉、经济实用。实施三线市场建设策略，有效地扩大了产品销售的回旋空间，不仅延长了产品的市场寿命周期，减少了库存，增加了收入，而且提高了市场占有率，全方位地展示了"金猴"产品，创造了"东方不亮西方亮，黑了南边有北边"的营销局面。

二、市场定位策略

金猴集团对品牌进行准确定位。金猴集团为自己的产品找准市场定位：生产老百姓既可望又可及的名牌产品，服务于最广大的社会群体。企业以此为至高宗旨，并始终认为名牌不单纯意味着"高档"，更不单是贵族消费者的"专利"，"名牌"应是"民牌"，是老百姓"可望"又"可及"的产品。一个产品再好、再有名，脱离了民众，也只能是水中月、天上星。按照这种理解，金猴集团把"名牌"定位于"满足最广大消费者需要"的层面上，根据不同城市与地区的不同消费水平，设计开发了出厂价在40~2000元的低、中、高不同消费档次的多类产品，做到既为老百姓和"工薪阶层"考虑，又为大、中城市的高层消费者和集团购买着想，从而保证任何时候都不脱离最广大的消费者，不放弃最大的市场需求。

【案例题解】

1. 市场细分是由美国营销学家（　　　）于 1950 年率先提出的，这是一个选择目标市场的策略思想，是实施目标营销的基础。

    A．菲利普·科特勒   B．温德尔·史密斯

    C．彼德·德鲁克   D．亚伯拉罕·马斯洛

题解：

① 菲利普·科特勒是美国营销学专家，于 1986 年发表了《论大市场营销》，提出了"大市场营销"概念。

② 温德尔·史密斯是美国营销学专家，于 1950 年率先提出"市场细分"理论。

③ 彼德·德鲁克是美国管理学专家，于 1954 年首先提出"目标管理"理论。

④ 亚伯拉罕·马斯洛是美国心理学专家，于 1943 年提出了一个被人们广泛接受的"需要层次"理论。

2. 结合案例分析，金猴集团公司进行市场细分的依据是（　　　）。

    A．人文细分   B．心理细分   C．地理细分   D．行为细分

题解：

① 人口细分是指根据人口统计资料所反映的内容来细分市场，如年龄、性别、收入、职业、文化水平等。人口是构成市场的基本要素之一，也是市场细分常用的依据。

② 心理细分是指根据消费者所处的社会阶层、生活方式、个性特点等对市场进行细分。

③ 地理细分是指根据消费者所处的地理区域、地形气候等地理因素来划分市场。地理细分是市场细分最普遍的方法。

④ 行为细分是指根据消费者对产品的购买动机、使用状态、信赖程度、品牌爱好等来细分市场。

3. 企业选择和确定目标市场的基础和前提是（　　　）。

    A．环境分析   B．选择竞争优势

    C．市场定位   D．市场细分

题解：

企业选择和确定目标市场的基础和前提是市场细分。

4. 结合案例分析有效细分市场的选择应具备怎样的条件。

题解：

① 可衡量性是指企业对细分后界定的子市场的规模和购买力可以衡量。

② 可接近性是指细分后界定的子市场企业可以有效地接近和为之服务。

③ 可盈利性是指细分后界定的子市场的规模能保证企业获得足够的经济效益。

④ 可实施性是指企业自身有足够的能力针对有关子市场实施营销计划。

【案例练习】

1. 结合案例分析，金猴集团公司选择目标市场的营销策略是（　　　）。

    A．选择性营销策略   B．集中性营销策略

    C．差异性营销策略   D．无差异性营销策略

2. 金猴集团公司根据消费者为了防止脚气、增进健康这一需求，而生产相应的皮鞋，

这种细分的依据是（　　）。

    A. 行为细分　　　　　　　　　　　　　B. 心理细分

    C. 地理细分　　　　　　　　　　　　　D. 人文细分

3. 结合案例分析金猴集团公司在进行目标市场选择时应考虑哪些因素。

4. 结合案例分析金猴集团公司是怎样进行市场定位的。

【综合训练】

随着市场经济的发展，市场已经成为一个极其庞大和复杂的整体。在市场经济条件下，由于资源的有限，就任何一个企业来说，无论其规模多么庞大，都不可能提供足以满足整个市场所有用户与顾客一切需要的商品和劳务，为了使企业所掌握的资源得到最有效的利用，就必须对企业所面向的市场范围加以适当的限定，从整体市场中划分出最适合企业经营、最能发挥企业优势的某个市场范围作为企业的目标市场。

目前，国外品牌占据了我国洗发水市场的相当一部分空间，国内品牌要进入和拓展这个市场，无疑面临许多困难：一方面，国内品牌实力较弱，产品的研发能力也不如跨国公司；另一方面，跨国公司的产品已经拥有了一个品牌忠诚度较高的消费群体，牢牢地占据着大部分的市场份额，而且跨国公司的产品系列完善，基本上能满足我国消费者的绝大部分需求。在这种情况下，国内品牌以及希望进入这一领域的其他企业就更要注重细分市场，做好市场定位工作，找准自己的位置，努力研究消费者需求的变化，不断改进产品，以适应消费者的需求。

千百度公司鉴于企业的业务实力和农村城镇市场的购买力等原因，首先根据消费者所处的地理位置进行市场细分，即地理细分（将市场划分为不同的地理单位，如南方和北方，城市与农村等）。企业选择其中的南方农村城镇市场作为公司的目标市场。其次，公司还根据消费者从产品中追求的不同利益来划分消费群体。随着人们生活水平和文化素质的提高，人们使用洗发水不再仅仅为了清洁去污——营养美发、追求时尚成为许多人使用洗发水的目的。同时，随着洗发水厂商对洗发水产品开发的不断深入，也使许多消费者对洗发水用品的不同功效要求得以满足。千百度公司开发出了主要功效为去头屑的洗发水，以满足该细分市场的需求；还开发出了主要功效为营养护发的洗发水，以满足消费者追求头发柔顺、有营养的需求。

企业在对市场进行细分，并根据各个细分市场的不同特征，结合企业自身的实际情况选择了目标市场以后，就要进行市场定位。企业在进行市场定位时，一方面要了解竞争对手的产品具有何种特色，另一方面要研究顾客对该产品各种属性的重视程度，然后根据这两方面进行分析，再选定本企业产品的特色和独特形象。为满足大众的平民化需求，千百度公司将企业生产的系列产品定位为高品质、中低价位，真正做到物美价廉，让广大消费者买得满意，用得放心。

试结合案例完成以下问题：

1. 千百度公司进行市场细分的依据是（　　）。

    A. 人文细分　　　　　　　　　　　　　B. 心理细分

    C. 地理细分　　　　　　　　　　　　　D. 行为细分

2. 千百度公司选择的目标市场营销策略是（　　）。

    A. 选择性营销策略　　　　　　　　　　B. 密集性营销策略

C．差异性营销策略　　　　　　　　D．无差异性营销策略

3．千百度公司研究开发出洗发水、洗衣粉、香皂等产品去满足农村城镇市场的需要，该种目标市场营销模式是（　　　）。

A．市场专门化　　　　　　　　　　B．密集单一市场

C．有选择的专门化　　　　　　　　D．产品专门化

4．千百度公司是怎样进行市场细分的？

5．千百度公司选择的是怎样的目标市场？

6．千百度公司是怎样进行产品市场定位的？

任务二　产品说明书陈述训练

【实训例讲】

龙口粉丝产品说明书

本品为绿色天然产品，以优质绿豆、豌豆为原料，本品具有条细透明、久煮不糊、口感滑腻等特点。

食用方法

1．凉拌

① 将粉丝放入开水中煮 2min 后，用凉水冲洗沥干。

② 在煮好的粉丝中放入蔬菜、火腿、精盐、味精等，拌匀即可食用。

2．火锅

① 在锅内加入鸡汤，开火煮沸。

② 将粉丝、蔬菜、肉类等一同加入即可。

3．炒粉

① 将粉丝放入开水中煮 2min 后，用凉水冲洗沥干。

② 将肉、蔬菜、蒜茸一同炒至七成熟，加入粉丝同炒。

执行标准：Q/JCF001

保质期：常温下 24 个月

生产日期：见封口处

净含量：320g

生产单位：山东金城股份有限公司

地址：山东招远市晨钟路 7 号

电话：0535-8237162

传真：0535-8215959

【实训目的】

① 能搜寻到一张有特色的产品说明书。

② 能清晰表达出该产品说明书的内容。

③ 能总结归纳出该产品说明书的特色或特点。

④ 能简要说出选择该产品说明书的理由。

【实训组织】

① 布置任务：将教学班学生按每组 6～8 人的标准划分成若干任务小组，每个小组成员搜寻一份产品说明书。

② 搜索选择：各小组成员总结归纳自己所搜寻到的产品说明书的特点（该产品的主要功能、功效），列明选择该产品说明书的理由，之后形成产品说明书课堂实训报告，报告格式如图 3-3 所示。

③ 课堂陈述：各任务小组成员上交产品说明书课堂实训报告，由指导教师从每组中选择一份具有代表性的产品说明书实训报告，并邀请其小组代表上台陈述。

④ 评价效果：各小组代表陈述后，指导教师点评该次产品说明书实训的情况，并由全班同学不记名投票，评选出该次课堂实训的获奖小组，给予表扬与奖励。

产品说明书课堂实训报告

第___3___次实训

班级_____ 学号_____ 姓名_____ 实训评分_____

实训时间_____ 实训名称_产品说明书课堂实训_

一、产品说明书的内容

二、产品说明书的特点

三、选择该说明书的理由

四、实训心得体会

五、实训评价（指导教师填写）

图 3-3 产品说明书课堂实训报告格式

任务三 产品说明书写作技能训练

【实训背景】

江西泉美矿泉饮品有限公司生产的矿泉茶饮品，为绿色天然保健饮品，结合了深层矿泉水与高山茶的双重特征，具有保健与减肥双重功效。本产品精选特级高山云雾茶，采用低温萃取工艺，使得口味更清爽，口感更甘醇；采用 UHT 瞬时杀菌技术，较好地保留了热敏性营养成分；采用全封闭无菌环境进行冷灌装，饮用更安全，口味更新鲜，效用更突出。

该产品保质期为常温条件下 12 个月；储存条件为：保存于阴凉干燥处，避免阳光暴晒，若瓶中有少许沉淀物，为天然高山云雾茶成分，请放心饮用。开启后，请尽快饮用，以确保其品质与效用。该产品的产品执行标准为 Q/XYXS045；国家专利号为 GJ200736002182；卫生批准文号为赣卫健字（2009）第 360218-0000028 号。

企业生产地址：瑞金市红都大道；邮编：342500；电话：0797-2688861/2688862；网址：www.qm.com.cn；E-mail：qm@qm.com.cn。

试根据案例背景资料，为该公司生产的泉美矿泉茶撰写一份有特色的产品说明书，并完成产品说明书写作实训报告。

【实训目的】

① 能认识并实现组织分工与团队合作。

② 能撰写出符合格式要求的产品说明书。

③ 能整理总结出产品说明书写作课题分析报告。

④ 能清晰地口头表达出产品说明书写作实训心得。

【实训组织】

① 组建实训课题小组：将教学班学生按每组 6～8 人的标准划分成若干课题小组，每个小组指定或推选出一名小组长。

② 确定实训小组课题：每个小组根据产品说明书写作背景资料的要求，完成一份产品说明书的写作。

③ 实施写作课题研究：各小组长根据产品说明书写作的计划调配资源，明确各组员的任务，并督促大家有效地完成任务，包括产品说明书写作的草拟、修改和定稿，产品说明书写作课题分析报告的撰写、打印，以及小组的发言等。

④ 撰写实训课题报告：每个小组完成一份产品说明书写作的课题分析报告。报告格式如图 3-4 所示。

⑤ 陈述写作实训心得：由各小组推荐的发言人或小组长代表本小组陈述本小组实训课题分析报告和实训心得。

产品说明书写作实训报告

第 ___3___ 次实训

班级_____ 学号_____ 姓名_____ 实训评分_____

实训时间_____ 实训名称 _产品说明书写作实训_

一、实训案例背景

二、实训目标要求

三、实训操作内容

四、实训心得体会

五、实训评价（指导教师填写）

图 3-4　产品说明书写作实训报告格式

岗位工具模板

1. 目标市场特征调查分析表模板

目标市场特征调查分析表模板见表3-1。

表3-1　目标市场特征调查分析表模板

序　号	问　题	结　论
1	消费者真正需要的价值是什么	
2	消费者在哪里购买该产品	
3	消费者在哪里使用该产品	
4	消费者为什么到甲店购买，而不到乙店购买	
5	消费者在何时使用该产品	
6	消费者为什么使用该产品	
7	产品是单独使用还是成套使用	
8	消费者是单独购买还是几个人购买	
9	哪些因素会促使消费者再次购买该产品	
10	有哪些因素会导致消费者放弃该产品	
11	消费者的消费特性变化趋势	
…	…	

2. 目标市场需求满足程度分析表模板

目标市场需求满足程度分析表模板见表3-2。

表3-2　目标市场需求满足程度分析表模板

目标市场特征与需求	企业如何满足目标市场需求
1. 目标市场的需求是什么	
质量可靠	
价格在××元之内	
品种多样，款式新颖，颜色最受欢迎	
保修期在××年以上	
2. 目标市场在哪里满足这种需求	
专业批发市场	
中等档次超市	
3. 目标市场在什么时候满足这种需求	
每年××月到××月购买量最大	
每年××节前后半个月每天购买量最大	
4. 目标市场为什么要满足这种需求	
家庭需要	
地位的象征	
5. 目标市场如何满足这种需求	
成批购买	
单独购买	
跟风购买	
6. 消费者的消费特征如何变化	
有新的替代品在××年内取代现有产品	
7. 其他	

3．市场定位分析表模板

市场定位分析表模板见表3-3。

表3-3　市场定位分析表模板

项　　目	竞争对手产品分析	企业产品分析	差异描述
质量			
价格			
知名度			
售后服务			
使用方便性			
企业信誉			
销售方式			
外观设计			
广告投资数量及方式			
主要目标市场消费者			

第4章 市场营销计划实训

4

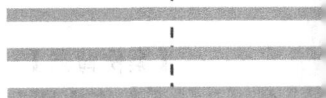

岗位工作认识

一、岗位技能要求

1. 能理解和运用波士顿咨询公司的成长-份额矩阵法。
2. 能理解和制订市场营销计划。
3. 能掌握和写作市场营销计划实训报告。

二、岗位工作描述

营销战略计划岗位工作描述如图 4-1 所示。

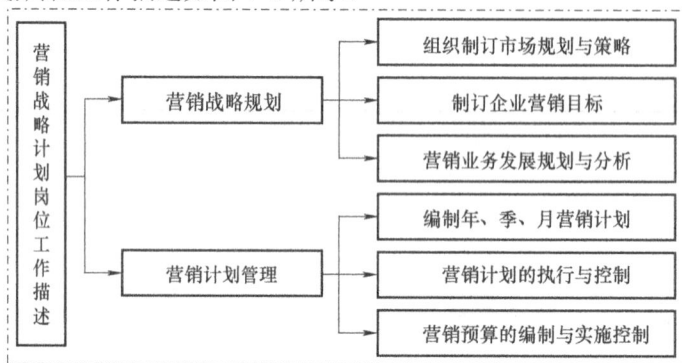

图 4-1　营销战略计划岗位工作描述

三、岗位工作流程

营销战略计划岗位工作流程如图 4-2 所示。

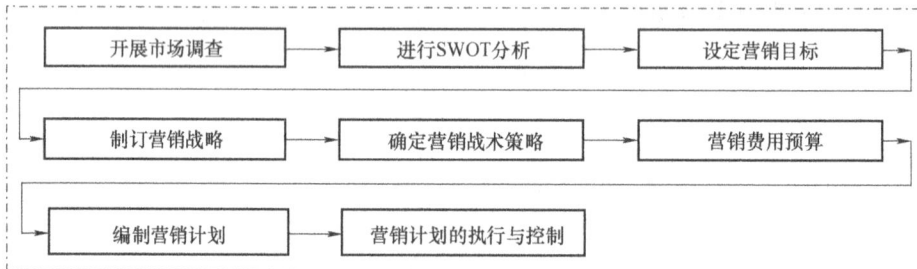

图 4-2　营销战略计划岗位工作流程

岗位技能训练

任务一　营销计划案例分析

【案例背景】

一、实施梯次市场营销战略

金猴集团是目前中国制鞋行业中仅有的两家国家大型工业企业之一，其综合经济实力位居中国皮革制品行业前三强。金猴集团为保持和提高市场占有率，维护企业的市场地位，制订并实施了一套"巩固一线、发展二线、开拓三线"的梯次市场营销战略。实施三线市场建设策略，有效地扩大了产品的销售空间，不仅延长了产品的市场寿命周期，减少了库存积压，增加了收入，还提高了市场占有率，全方位地展示了"金猴"产品，创造了"东方不亮西方亮，黑了南边有北边"的营销局面。

二、走集约化经营战略

虽然金猴集团是中国"老"字号制鞋企业，20 世纪 80 年代以前技术和管理水平一直在全国同行业中小有名气，但在长期的计划经济体制下，企业规模始终没有长足的发展。随着对外开放和社会主义市场经济体制的建立，昔日在封闭的温室里称雄的"鸡头"一下子变成了开放的大市场中的"凤尾"。残酷的现实给了金猴集团一个很深刻的启示：现代企业要想在国内外市场上干出点名堂，就必须进行集约化经营，即以效益为根本对诸经营要素重组，以获得更大的投资回报。

皮鞋是金猴集团的当家产业，如何让它尽快地发展起来，金猴集团认准了"大投入，大产出"的发展思路。然而当时企业条件不好，家底薄，是先贷款盖厂房，还是先集中资金抓生产？金猴集团毫不犹豫地选择了后者。基于这种考虑，金猴集团先把有限的资金集中用于设备的改造，3 年间先后投入 1300 万元，购进 5 条生产流水线和必需的单机专用设备，实现了生产手段的全面更新和生产效率的大幅提高，使皮鞋产量由 1989 年的 67 万双增加到 1992 年的 155 万双，工业产值、营业收入、利税、利润指标也分别从 1989 年的 1050 万元、1228 万元、162 万元、111 万元增加到 1992 年的 5500 万元、4674 万元、501 万元、300 万元。从 1992 年开始，金猴集团把规模经营的重点转向厂房的改造与扩建上，相继建起 8000m² 的生产大楼，新建了虎山皮鞋厂，增加了两个高档鞋生产车间，上马了鞋底生产项目，并对影响企业发展后劲的仓库、食堂、宿舍等基础设施进行了彻底的翻新与改造，从而大大改善了生产、生活环境，提高了皮鞋产品的生产能力。2012 年集团皮鞋产量达到 1600 万双，集团营业收入近 100 亿元。

三、产品分析与发展战略

金猴集团为了更好地了解企业现有产品的发展现状，拟利用波士顿咨询公司的成长-份额矩阵法对现有产品进行综合分析。1999 年，企业生产皮鞋 461 万双，完成销售收入 52167 万元，在全国同行业位列第二，市场份额占全国的 5%（其中最大竞争对手的市场份额为 6.1%）；2000 年生产皮鞋 501 万双，完成销售收入 68316 万元，在全国同行业位列第五，市场份额占全国的 5.4%（其中最大竞争对手的市场份额为 7.2%）。2001 年，企业生产皮鞋 610 万双，完成销售收入 91600 万元，在全国同行业位列第五，市场份额占全国的 5.5%（其中最大竞争对手的市场份额为 7.5%）。2004 年，金猴集团生产皮鞋 1126 万双，实现皮鞋销售收入 213659 万元，在全国同行业位列第二，市场份额占全国的 6.3%（其中最大竞争对手的市场份额为 7.1%）。另据统计，全国皮鞋行业的年平均市场增长率在 8%左右。

金猴集团为了更快地提高企业的市场竞争能力，一是以提供服务为原则，将威海市皮鞋材料厂纳入麾下，变成核心企业的鞋底生产厂家，直接为核心企业服务；二是以完善体系为原则，投资新建了进出口公司、储运公司、商场、招待所、房地产公司、广告公司、矿泉水公司以及技术开发中心，基本形成"科工贸一体化、产供销一条龙"的经营格局；三是以输出管理为原则，兼并了经济效益原本不太景气的皮件一厂、皮件二厂，通过盘活资产，发展多种经营,不断壮大"金猴"家族;四是加强市场建设,全面实现信息化管理。

企业重视对新产品开发的投入,努力创造自己的特点。企业已开发出新产品——金猴纳米功能鞋,该新产品与同类产品相比有很大的差异,其优势特别明显,其特殊的功效表现为:①消除臭味。金猴纳米功能鞋内设纳米吸附分解床,其中的纳米复合材料——纳米级分子筛,对鞋内的空气及细菌进行选择性的吸附,并对吸附后的异臭分子、细菌及腐败细菌尸体进行分解,破坏臭分子的化学结构,达到消除异味的目的。②吸湿排汗。金猴纳米功能鞋内纳米吸附分解床中的特殊粒子,有极强的吸水特性,对鞋内的有机、无机液等成分有极强的亲和性,对脚分泌的汗液有一定的吸湿作用,并通过透气装置保持鞋腔干燥。③释放香气。金猴纳米功能鞋利用特殊的工艺将芳香分子设计在纳米粒子的介孔内,通过控制鞋内纳米粒子的温度达到缓慢释放的作用,使其具有久香功能。④抑制细菌。金猴纳米功能鞋内的纳米粒子表面积很大,表面存有大量的悬空键,具有很强的化学活性,对细菌的各种酶的形成,有一定的干扰作用,所以能抑制细菌生长,抑菌率达到99%以上。⑤红外保健。金猴纳米功能鞋内采用了放射远红外线的纳米材料,在一定温度下能够产生与身体匹配的红外线,作用于足部,能有效促进足底血液循环。

四、营销思想创新升级战略

2004年初,作为中国鞋业营销的排头兵、中国鞋业品牌经营的开创者之一的金猴集团率先提出实施营销思想创新升级,构筑营销新主流体系,实现营销思想、营销组织、管理团队、市场渠道、创新能力五大升级。在营销思想升级上,金猴集团跨越长期以来中国鞋业"终端为王"的营销主流思想,开始向全面竞争导向的思想转变;在营销组织升级上,金猴集团开始从营销公司一管到底的职能设计转向以建立分公司为中心的组织体系;在管理团队升级上,老的营销团队正向"高强快"新型团队转化,全国各地的专业性的营销人才不断地被吸引进入,充实了金猴集团的销售网络;在市场渠道升级上,从二、三级市场向一、二级市场上移,并开始了新一轮的"投入培育期";在创新能力升级上,从单方面的表现力向资源整合力、新项目运作力和综合执行力转变。

五、军民融合,促进传统产业转型升级

鞋业、箱包业是金猴集团的主业,也是传统制造业。随着原材料、用工成本的一路上涨,金猴集团的主业同全球传统制造业一样面临市场的严峻考验。金猴军品的成功在给金猴开拓了一条新的发展之路的同时,也为其传统主业的发展开辟了新空间。

2007年,金猴集团抓住我国军队被装采购改革、面向社会公开采购的机遇,利用企业的技术、规模和品牌优势,大力开展军品研发。目前,金猴集团已经成为军鞋、军包、军腰带的核心研发和生产主力。同时,金猴集团还根据市场需求,把部分军品技术用于民品生产,如将经改造的将军鞋、校尉鞋、礼服鞋、海军白皮鞋、被装袋等30余种军用鞋靴和包具类产品的核心技术应用于传统鞋业与箱包领域,研发出了磁疗保健鞋、换气式纳米功能鞋、太阳能热疗保健鞋、各式高端商务包等一系列产品,既提高了产品档次,又提高了附加值,较好地带动了内销市场的发展。

【案例题解】

1. 金猴集团为了更快地提高企业的市场竞争能力,以提供服务为原则,将威海市皮鞋材料厂纳入麾下,变成核心企业的鞋底生产厂家,直接为核心企业服务。这是(　　)发展战略。

    A. 后向一体化　　　B. 前向一体化　　　C. 水平一体化　　　D. 水平多元化

题解：

① 后向一体化是指企业通过收购或兼并若干原材料供应企业，控制原材料的生产和供应，实行供产联合。

② 前向一体化是指企业通过收购或兼并若干商业企业，建立自己的分销系统，实行产销联合。

③ 水平一体化是指企业通过收购或兼并若干竞争者，把几个生产同类产品的企业合并起来，组成联合企业或专业化公司，扩大生产经营规模。

④ 水平多元化（水平多样化）是指企业研究生产某种能满足现有顾客需求的，但与现有产品的技术上关系不大的新产品。

2. 金猴集团以完善体系为原则投资新建了进出口公司、储运公司、商场、招待所、房地产公司、广告公司、矿泉水公司以及技术开发中心，基本形成"科工贸一体化、产供销一条龙"的经营格局。这是（　　）发展战略。

  A．一体化发展 B．密集性发展 C．差异化发展 D．多样化发展

题解：

① 一体化发展是指生产企业、供应商、销售商实行一定程度的联合，融供应、生产、销售于一体，提高企业的发展与应变能力的战略。

② 密集性发展是指在企业现有的业务领域里寻找未来的发展机会的战略。

③ 差异化发展是指企业通过设计一系列有意义的差异，使自己的产品和服务同竞争对手相区分的战略。

④ 多样化发展是指企业多向发展新产品和多个目标市场相结合的战略。

3. 金猴集团以输出管理为原则，兼并经济效益不太景气的皮件一厂、皮件二厂，通过盘活其资产，发展多种经营，该业务发展战略属于（　　）。

  A．同心多样化 B．水平多样化 C．综合多样化 D．垂直多样化

题解：

① 同心多样化是指开发本企业现有产品线的技术和营销组合协同关系的新产品，吸引新的顾客，向外扩大经营范围。

② 水平多样化是指研究生产某种能满足现有顾客需求的，但与企业现有产品的技术上关系不大的新产品。

③ 综合多样化也称跨行业多样化，是指开发与企业现有技术、产品、市场都毫无关系的新业务、新产品，把业务拓展到其他行业中去。

④ 垂直多样化在多样化发展战略中没有这样一种类型。

4. 金猴集团重视对新产品开发的投入，努力创造自己的特点，企业最近开发出新产品——纳米功能鞋，该新产品与同类产品相比有很大的差异。这是怎样的发展战略？该种战略还可以采取哪些措施？

题解：

金猴集团采用的是产品差异化发展战略，还可采用服务、人员和形象差异化发展战略，其主要内容见表4-1。

表4-1 差异化发展战略具体内容

产品差异化	服务差异化	人员差异化	形象差异化
特色	送货	能力	标志
性能	安装	礼貌	标准字
耐用性	用户培训	可信任性	标准色
可靠性	咨询服务	可靠性	事件
可维修性	修理	责任性	媒体
风格	其他	沟通能力	气氛

5. 金猴皮鞋自2000年开始至2004年，年平均销售收入已达到10亿元，其中，在北方市场的销量占到总销售量的90%，在南方市场的销量不足总销售量的10%。金猴皮鞋在南方市场的表现相对欠佳，为此，金猴集团急于开拓南方市场，以使集团的销售收入有更大的增长，企业的市场占有率能够稳中有升。请为金猴集团制订一份开拓南方市场的营销战略计划。

题解：

金猴集团南方市场开拓与整合的营销战略计划

一、市场营销现状分析

金猴皮鞋自2000年开始，年平均销售收入已达10亿元，其中，在北方市场的销量占到总销售量的90%，在南方市场的销量不足总销售量的10%。金猴皮鞋在南方市场的表现相对欠佳，主要原因如下：

① 金猴皮鞋在南方市场的知名度不高。由于金猴集团一直以来都将大量的营销力量投入北方市场，造成南方市场营销力量不足，在南方市场投入的广告也不够。

② 金猴皮鞋在南方市场的销量不足。2004年金猴皮鞋实现销售收入达21.4亿元，但在南方市场的销售额仅有1.4亿元。

③ 金猴皮鞋在南方市场销售了6年，已经在广州成立了金猴集团南方公司，并成立了专门针对南方市场的营销队伍，有了较强的品牌发展的基础。

④ 金猴集团与广州市百利鞋业有限公司达成了品牌与技术的合作协议：一方面，金猴集团给广州百利公司下订单，生产金猴品牌皮鞋；另一方面，由广州市百利鞋业有限公司负责，对金猴集团南方公司的技术管理人员进行系统培训，并对金猴集团进行全面的技术指导，以提高金猴皮鞋在南方市场的适应性和竞争能力。

二、市场机会与威胁分析

1. 市场供求状况分析

目前，中国鞋类商品市场的主要特征体现为：供大于求，价格稳中有降，市场竞争异常激烈。中国鞋类市场可细分为四大部分：皮鞋、胶鞋、布鞋和塑胶鞋。除各细分市场对鞋的款式和用料日趋转变外，各类鞋的消费结构亦有变化，消费重心逐步由胶鞋向皮鞋转移，皮鞋的销售比重由早期的9%上升到目前的35%。消费群由原来的城市扩展到农村地区，产品开始由低档向中高档发展。

2. 竞争者分析

中国鞋业市场的竞争可分为三个层面：纯进口品牌产品，主要是来自意大利、西班牙等欧美国家占据高档市场；中外合资企业的品牌，这些产品基本都是来自中国香港和中国台湾地区，凭借其资金和设计实力占据中档市场；纯本地生产企业基本在低档市场挣扎，不过一些有实力的本地企业也开始进入中高档市场。目前，国内鞋类市场上，进口皮鞋虽然在用料、做工方面比国内产品优胜，但由于价格昂贵，市场占有率并不高，因此国产皮鞋仍是市场主导，著名品牌有：百丽、哈森、森达、金猴、富贵鸟、康奈、奥康、红蜻蜓等。其中，金猴品牌的市场竞争力在全国排名前五，但较市场主导者——森达品牌还是有较大差距。

3．消费者购买行为分析

南方各省市，尤其是珠江三角洲和长江三角洲的居民，随着改革开放的不断深入，居民家庭及个人的可支配收入有了很大的提高，如广州地区 2003 年人均收入已超过 16000 元。随着人均可支配收入的提高，人们对皮鞋产品的品牌要求越来越高，品牌形象好的产品，其市场表现一般都较好。据市场调查，这些地区的居民目前购买皮鞋基本以中高档皮鞋为主，其中，20～50元占总量的 30%，50～100 元的占 40%，100～800 元的 20%，800 元以上的占 10%。

三、营销战略规划

1．营销战略部署

以广州市为基础，以珠江三角洲为营销重点，率先突破，并稳住阵脚，再拓展到整个南方市场。

2．目标市场与市场定位

1）目标市场：中高收入的中青年消费者。

2）品牌定位：健康、品质。

3．营销组合策略

1）产品策略：强力推出高质量、能增进健康的多功能纳米鞋。

2）价格策略：价格一般以 200～800 元居多，最高达 2800 元。

3）渠道策略：企业在渠道策略上沿袭"品牌经营、连锁专卖"的策略，在各大中城市中心地带开设金猴皮鞋品牌连锁专卖店，并推行金猴品牌特许加盟店制度，对于符合加盟条件的经营单位，在经过企业严格审查后，颁发"金猴皮鞋特许加盟连锁专卖店"牌匾，以迅速提高和扩大金猴品牌的经营能力和竞争能力。加盟条件：

① 有足够成为金猴品牌特许加盟店的资金。

② 金猴集团认可的繁华商业内独立临街店铺。

③ 有现代管理观念，卓越服务意识。

④ 服务并接受金猴特许经营体系要求。

⑤ 具有良好的沟通品质。

4）促销策略。

① 推行会员制销售制度。顾客在任何金猴连锁店和经销店里购买金猴皮鞋，都将获得一张金猴会员卡，持有金猴会员卡的顾客再次购买金猴皮鞋可得到 9.5 折优惠。当个人顾客累计购买金猴皮鞋达到 50 双时，销售人员将给顾客更换金猴会员卡为金猴贵宾卡，同时赠予"忠诚顾客"证书。持有金猴贵宾卡的顾客在购买金猴皮鞋时，可享受 9折优惠。

② 推行销售数量折扣制度。单个顾客一次性购买金猴皮鞋 10 双以上，可获得 9 折优惠，同时还可获得一份礼品。

③ 新店开业促销。新店开业期内所有商品实行 9.5～9 折的打折优惠；购买一双多功能

纳米鞋，可获赠一双价值 68 元的普通皮鞋；对在开业期间推荐 5 名以上新顾客的顾客，发放价值相当于所推荐顾客购物总额 10%的购物优惠券。

④ 加大广告营销力度。金猴集团公司除了继续在中央电视台各频道的黄金时段进行广告宣传外，还加大在南方各省市电视台的广告宣传力度。

⑤ 积极参与各地的公益活动，提升金猴品牌的形象，包括向希望工程捐款捐物、向西部中小学校捐赠运动鞋、加强与高校的合作等。

【案例练习】

1. 金猴集团不但重视产品的质量，严格把控每道工序，而且重视不断强化提高企业营销人员的素质和技能，通过营销人员素质能力的提高取得更大的竞争优势，这体现的是（　　）策略。

  A．产品差异化 B．服务差异化 C．人员差异化 D．形象差异化

2. 金猴集团以完善体系为原则投资新建了进出口公司、储运公司、商场、招待所、房地产公司、广告公司、矿泉水公司以及技术开发中心，基本形成科工贸一体化、产供销一条龙的经营格局。这是（　　）发展战略。

  A．同心多样化 B．水平多样化 C．综合多样化 D．垂直多样化

3. 金猴集团加强市场建设力度，至 2015 年年底，已在全国设立 22 个办事处和 2078 家连锁店、专卖店和店中店，以扩大对现有产品的销售。该业务发展战略属于（　　）。

  A．市场渗透 B．市场开发 C．产品开发 D．产品渗透

4. 请结合案例资料，利用波士顿咨询公司的成长-份额矩阵法分析金猴集团产品的现状。

5. 为有效贯彻金猴集团"巩固一线，发展二线，开拓三线"的梯次市场营销战略，金猴集团制订了一份详细的市场营销战略计划。试问一份市场营销战略计划一般应包括哪些内容？

【综合训练】

一、强化产品功能演示

针对农村消费者对日化产品的需求还处在比较典型的功能性需求阶段、比较注重产品的实际使用价值和物质利益、对产品的一些附加值功效和精神享受不太注重等特点，公司决定在每一个乡镇的终端网络渗透进入时，分别在小店较为集中的乡村、人流较为集中的赶集日，进行产品功效的演示活动，以进一步加强农村消费者对千百度公司产品功效的认知和体验。在演示过程中，公司以一些当地畅销的无牌假货作对比，给消费者以直观的感受，使之逐渐转变为千百度公司的用户。

二、小店拜访

鉴于乡镇终端网络地域分散、不集中，地理位置复杂，各地区的风俗习惯有一定差异，当地农村消费者更相信邻里口碑和本乡本土的推销员等特点，千百度公司选择在当地乡镇招聘业务员——该业务员对本地的风土民情、地理方位、人际关系都比较熟悉，由他来负责本地小店的联系、布货、演示、辅导、店面维护、终端促销等工作，较外派人员的效率更高；同时也解决了外派业务员在当地的食宿、交通问题，除了必须进行的业务培训外，还省去了熟悉当地情况的时间和过程，大大提高了工作的效率和准确性。

三、店主关系管理

鉴于农村消费者的购买行为特点，各乡村的小店店主在当地消费者心目中扮演着"示范性"的角色，维护好与小店店主的关系是完成终端网络渗透的重要一环。为此，千百度公司制订了与小店店主"搞好关系"的具体做法，公司的业务员有得天独厚的本地化条件，在本地多具有较好的关系和人缘，他们将定期上门了解小店的经营状况、店主的具体需求等信息，并连同店主及其家人的兴趣、爱好、生日等信息登记在册，然后汇报到公司营销部，由公司营销部协调解决和办理相关事宜。由于公司和店主保持了良好的合作关系，店主们推荐千百度公司产品的力度明显加大，使产品逐渐在一些近乡镇的村落消费者中呈现旺销的势头。

四、店主联谊会

店主联谊会这个环节是整个乡镇终端网络渗透过程中最重要的一环，通过这种方式，可以把区域内的所有小店店主联合起来，使其一起推广、销售千百度公司的产品；组织店主统一到当地千百度公司的分销商处进货；根据大家销售量的等级授予不同等级的会员牌，并以进货优惠、促销支持等措施进行奖励，鼓励店主销售千百度公司的产品。千百度公司还专门为店主们制作了"小店店主百事通"手册，教店主如何通过销售千百度产品来获取利润，深受店主们的欢迎。有了前面和店主关系良好的基础，这一环节操作起来的难度就小多了，经过一段时间的运作，目标区域内的许多小店都挂上了"千百度公司店主联谊会"的会员牌，进而使得购买千百度公司产品的消费者多了起来。

五、促销支持

为了巩固项目效果，千百度公司定期在目标区域的一些小店进行销售促进活动，包括向消费者展示公司产品、派发样品和传单、向消费者介绍公司产品的当地批发商和小店、现场热卖产品、进行现场抽奖活动等，此举对于激励店主进货和促进当地消费者购买千百度公司产品都有非常好的效果。

通过对乡镇终端网络的"精耕细作"，千百度公司在南方多个省市的农村乡镇建立和完善了一大批乡镇销售终端网络系统，取得了良好的效益。

试根据案例完成以下问题：

1．千百度公司是一家新兴的日化用品公司，其规模相比而言还是较小，试问千百度公司在市场竞争中应将自己定位为（　　　）。

    A．市场领先者   B．市场挑战者

    C．市场补缺者   D．市场追随者

2．波士顿咨询公司成长-份额矩阵中，问题类产品一般应采取的策略是（　　　）。

    A．维持战略   B．发展战略

    C．收获战略   D．放弃战略

3．千百度公司通过乡镇终端网络的"精耕细作"，在南方各省市的乡镇迅速建立起一大批乡镇销售终端网络，大大提高了公司产品的销路。这是（　　　）。

    A．市场渗透策略   B．市场开发策略

    C．产品开发策略   D．产品渗透策略

4．千百度公司在成功研发出千百度洗发水之后，又研发出了洗衣粉、香皂等产品，这属于（　　　）发展战略。

A．同心多样化   B．水平多样化

C．综合多样化   D．跨行业多样化

5．试分析千百度公司是如何实施营销战略计划的？

任务二　市场营销计划陈述训练

【实训例讲】

麦当劳公司市场营销计划

一、市场环境分析

1．麦当劳公司市场状况分析

① 快餐食品市场成长缓慢。传统的街区和郊区市场已经饱和，当前大多数的销售增长来自非传统销售网点，诸如机场、火车站、办公大楼所在地。

② 快餐食品主要集中于汉堡包、炸鸡和番茄酱的销售。某些新开业的专业化快餐食品销售网点，如帝·莱特斯向成年人提供了更多的食谱选择，帕史塔棒这些销售网点对麦当劳形成潜在的威胁，它们正在集中单一的快餐食品市场和成年人市场（而不是儿童市场），而成年人这一细分市场又恰恰是麦当劳缺少顾客忠诚的薄弱环节。

③ 比较积极的事件是：成功地向市场投入了各种色拉和麦克德尔特三明治；儿童们对各种"幸福快餐"的需求经久不衰并在不断发展，趋势明显；在游乐场上成功地扩大了销售。目前，麦当劳面临着两个主要问题：其一，在不改变麦当劳十分重视儿童市场这一传统特征的前提条件下，怎样提高成年人对麦当劳的忠诚；其二，当开发新销售网点地盘变得越来越困难时，怎样继续保持其市场增长势头。

④ 通过比竞争对手在广告宣传和促销方面投入更多的费用，麦当劳才得以维持现有市场占有率——麦当劳每年投入 7 亿美元，而汉堡王只投入 2 亿美元。

⑤ 对麦当劳有利的一个因素是竞争对手在处理扩张发展与保持盈利方面遇到的小麻烦——当它们扩张发展时，便很难保持盈利。但是，每一个新竞争销售网点都给麦当劳销售的稳定增长带来重大的威胁。

⑥ 麦当劳成功地向海外进行了扩张发展，但当美国国内的竞争销售网点日益成长时，那些海外的销售网点却丝毫不能帮助麦当劳在美国国内保持增长势头。

2．麦当劳公司竞争对手分析

① 汉堡王。几年来，汉堡王损失较大。其广告宣传很不得力，而且没有开发新产品，其唯一积极的因素是步麦当劳"幸福快餐"的后尘——仿效这一产品并增加了早餐快餐食品的品种。

② 文帝。它是一个奋斗中的快餐食品公司，当文帝中断了有效的"牛排在哪里"活动之后，顿时失去了市场营销发展势头。

③ 肯德基炸鸡。它正前进在增加销售网点的大道上，它将三明治加入食谱之中，其广告"只有我们对鸡的烹调才是正确的"这一口号十分有效。预计它会继续增加它的销售网点，而且会采取更大的广告宣传活动，绝不会满足于已取得的成果。

④ 帝·莱特斯。尽管它还算不上一个主要竞争对手，但却代表一种思想，而这种思想对

麦当劳很有威胁。它用"帕史塔棒加色拉食谱"的办法来吸引成年人，尤其午餐时备受欢迎。帝·莱特斯还向成年人提供了他们认为更有营养价值的快餐食谱。尽管其在流动资金方面存在问题，但它的很多快餐店却经营得很好。

二、威胁与机会分析

1. 麦当劳公司所面临的威胁

① 现场试验发现，顾客对麦当劳潜在的新快餐食品评价各有不同。

② 适于麦当劳开设新销售网点的潜在地盘十分有限。

③ 帝·莱特斯在经营成年人快餐食品销售方面表现出极大的潜力。

④ 各竞争对手纷纷向市场投放各种各样的"幸福快餐"，文帝用土豆王玩具来配合，成功地进行了"幸福快餐"的促销。

⑤ 顾客反映麦当劳最近组织的意在以成年人市场为目标的两次游戏性促销活动中的游戏太复杂了。

⑥ 由于很难聘用到合格的工人及随着食谱品种的增加给保持产品质量带来困难，使麦当劳快餐食品本身的质量和服务质量都在下降。

⑦ 所有快餐食品销售链上的产品正在受到营养学专家的批评。

2. 麦当劳公司存在的机会

① 市场调查表明，顾客对麦当劳即将推出的自由挑选全营养小果子面包做出积极的反应。

② 麦当劳在非传统开店的场所开设的销售网点相当成功。

③ 麦当劳投放市场的各种色拉取得了成功。

④ 麦当劳的地区合作团体和当地特许经营组织的市场营销能力在同行业中是最强的。

三、营销目标与行动方案

1. 麦当劳的营销目标

① 销售额 120 亿美元。

② 毛利 43 亿美元。

③ 毛利率 36%。

④ 净利 13 亿美元。

⑤ 市场占有率 25.5%。

2. 麦当劳公司的行动方案

为实现营销目标而设计的行动方案如下：

① 不断加强对儿童的市场营销活动。

② 以成年人细分市场为目标市场进行促销活动，每 6 个月为一组；组织一次促销性游戏，在成年人中开发出较强的顾客忠诚度。

③ 继续增加在非传统设店的场所开设销售网点的数目。

另外，与主要行动相配合，还拟采取下列次要活动：

① 扩大适合于地区合作团体的广告宣传活动的素材量。

② 增加麦当劳主办的体育活动及有关活动次数。

③ 增加罗纳德·麦克唐纳露面次数。

④ 发表有关麦当劳快餐食品营养成分及含量的新闻报道。

【实训目的】

① 能搜寻到一份该完整的市场营销计划。

② 能清晰表达出该市场营销计划的内容。

③ 能总结归纳出该市场营销计划的特色或特点。

④ 能简要说出选择该市场营销计划的理由。

【实训组织】

① 布置任务：将教学班学生按每组 6~8 人的标准划分成若干任务小组，每个小组成员搜寻一份市场营销计划。

② 搜寻选择：各小组成员总结归纳自己所搜寻到的市场营销计划的特点，列明选择该市场营销计划的理由，之后形成市场营销计划课堂实训报告，报告格式如图4-3所示。

③ 课堂陈述：各任务小组成员上交市场营销计划课堂实训报告，由指导教师从每组中选择一份具有代表性的市场营销计划实训报告，并邀请其小组代表上台陈述。

④ 评价效果：各小组代表陈述后，指导教师点评该次市场营销计划实训的情况，并由全班同学不记名投票，评选出该次课堂实训的获奖小组，给予表扬与奖励。

市场营销计划课堂实训报告

第 ___4___ 次实训

班级_____ 学号_____ 姓名_____ 实训评分_____

实训时间_____ 实训名称 市场营销计划课堂实训

一、市场营销计划的内容

二、市场营销计划的特点

三、选择该营销计划的理由

四、实训心得体会

五、实训评价（指导教师填写）

图4-3 市场营销计划课堂实训报告格式

任务三 市场营销计划写作技能训练

【实训背景】

江西泉美矿泉饮品公司，经过近十年的发展，已成为赣州地区较为知名的矿泉饮品生产企业，年销售额达到 5000 万元。公司生产的矿泉茶饮品，结合了深层矿泉水与高山茶的双重特征，具有保健减肥双重功效，属于国家专利产品。为拓展市场，泉美公司准备开拓包括省会城市——南昌在内的整个江西市场，以实现企业的飞跃性发展。

请在对矿泉与茶饮品的市场状况和竞争状况做出详细调研的基础上，为泉美公司制订一份开拓市场的营销战略计划。

【实训目的】

① 能认识并实现组织分工与团队合作。

② 能撰写出符合格式要求的市场营销计划。

③ 能整理总结出市场营销计划写作课题分析报告。

④ 能清晰地口头表达出市场营销计划写作实训心得。

【实训组织】

① 组建实训课题小组：将教学班学生按每组 6～8 人的标准划分成若干课题小组，每个小组指定或推选出一名小组长。

② 确定实训小组课题：每个小组根据市场营销计划写作背景资料的要求，完成一份市场营销计划的写作。

③ 实施写作课题研究：各小组长根据市场营销计划写作的计划调配资源，明确各组员的任务，并督促大家有效地完成任务，包括市场营销计划写作的草拟、修改和定稿，市场营销计划写作课题分析报告的撰写、打印，以及小组的发言等。

④ 撰写实训课题报告：每个小组完成一份市场营销计划写作的课题分析报告。报告格式如图 4-4 所示。

⑤ 陈述写作实训心得：由各小组推荐的发言人或小组长代表本小组陈述本小组实训课题分析报告和实训心得。

市场营销计划写作实训报告

第 ___4___ 次实训

班级_____ 学号_____ 姓名_____ 实训评分

实训时间_____ 实训名称 __市场营销计划写作实训__

一、实训案例背景

二、实训目标要求

三、实训操作内容

四、实训心得体会

五、实训评价（指导教师填写）

图 4-4　市场营销计划写作实训报告格式

岗位工具模板

1. 月份商品销售额计划表模板

月份商品销售额计划表模板见表 4-2。

表4-2 月份商品销售额计划表模板 （单位：千元）

商品类别		去年同月		1月计划	
		销售额	构成比例	销售额	构成比例
畅销商品群	A				
	B				
	小计				
高利润率商品群	A				
	B				
	小计				
销售及利润率一般商品群	A				
	B				
	小计				
月度总销售额合计					

2. 客户类别销售额计划表模板

客户类别销售额计划表模板见表4-3。

表4-3 客户类别销售额计划表模板 （单位：千元）

客户类别		去年同月		1月计划	
		销售额	构成比例	销售额	构成比例
A级客户	①				
	②				
	小计				
B级客户	①				
	②				
	小计				
C级客户	①				
	②				
	小计				
月度总销售额合计					

3. 区域销售额计划表模板

区域销售额计划表模板见表4-4。

表4-4 区域销售额计划表模板 （单位：千元）

销售区域		去年同月		1月计划	
		销售额	构成比例	销售额	构成比例
区域一	A级客户				
	B级客户				
	C级客户				
	小计				

（续）

销售区域		去年同月		1 月计划	
		销 售 额	构成比例	销 售 额	构成比例
区域二	A 级客户				
	B 级客户				
	C 级客户				
	小计				
区域三	A 级客户				
	B 级客户				
	C 级客户				
	小计				
月度总销售额合计					

4．销售费用计划表模板

销售费用计划表模板见表 4-5。

表 4-5　销售费用计划表模板　　　　　（单位：千元）

项　　目		金额合计	构成比例
销售变动费用	1．销售手续费		
	2．运费		
	3．保管费		
	4．包装费		
	5．燃料费		
	6．销售促进费		
	小计		
销售人员费用	1．薪金		
	2．奖金		
	3．法定福利费		
	4．保健费		
	5．各种津贴		
	6．各种补贴		
	7．其他		
	小计		
销售固定经费	1．差旅交通费		
	2．交际费		
	3．通信费		
	4．折旧费		
	5．修缮费		
	6．保险费		
	7．利息		
	小计		
销售费用合计			

5. 销售账款回收计划表模板

销售账款回收计划表模板见表4-6。

表4-6 销售账款回收计划表模板

月份	计划销售额/千元	回 收 计 划			合计	客户赊购款余额/千元	回收率（%）	无法回收率（%）
		现金/千元	90天内	90天以上				
1								
2								
3								
...								
12								

第 5 章　产品策略实训

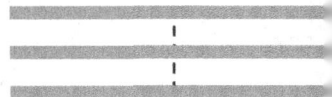

岗位工作认识

一、岗位技能要求

1. 能理解和应用新产品的开发程序。
2. 能理解和实现产品品牌标识的设计。
3. 能掌握产品品牌标识实训报告的写作方法。

二、岗位工作描述

产品策略岗位工作描述如图5-1所示。

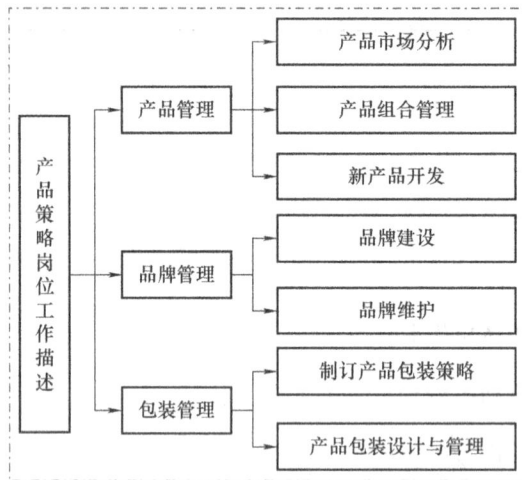

图5-1　产品策略岗位工作描述

三、岗位工作流程

新产品上市工作流程如图5-2所示。品牌管理工作流程如图5-3所示。

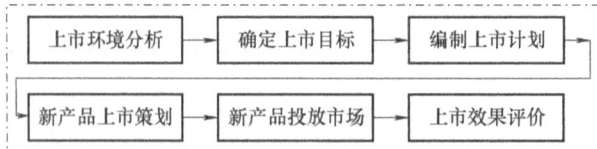

图5-2　新产品上市工作流程

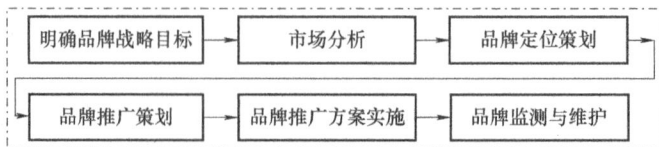

图5-3　品牌管理工作流程

岗位技能训练

任务一　产品策略案例分析

【案例背景】

一、重视质量管理

在市场经济体制下，竞争是一切经济活动的基本特征，优胜劣汰是竞争的基本法则，一个企业要想生存和发展，首先必须抓好产品质量。为了强化全体员工的质量意识，金猴集团通过各种形式广泛宣传"顾客在金猴集团心中，质量在金猴集团手中""今天的质量，明天的市场""不重视质量的劳动是无效劳动，不重视质量的生产是盲目生产""有缺陷的产品就是废品"等质量口号，促使广大职工在思想上产生共鸣，自觉地生产优质产品、提供优质服务。

高质量首先来自于高标准。1993 年，在国内开展质量认证工作不久，金猴集团毅然决定开展质量认证，主动与国际标准接轨，先后多次派人参加由国家、省级认证工作专家讲授的 ISO 9000 系列标准培训班，并虚心向威海市技术监督局的专家请教，邀请他们到公司进行指导。功夫不负有心人，经过近一年的辛勤工作，金猴集团终于制订了质量方针，确立了质量目标，建立、健全了质量保证体系，于 1994 年 6 月 7 日正式通过国家方圆质量认证（ISO 9002），成为当时中国皮鞋行业首家获准使用"方圆"认证标志的企业，开创皮鞋产品质量认证之先河。

高质量还来自于严格的要求。在质量保证体系有效运行的基础上，金猴集团运用"三重角色"管理理论，实施全员、全方位的质量管理。金猴集团要求员工任何时候都必须同时扮演好服务者、操作者、用户这 3 种角色。作为下道工序的服务者，要求员工必须加强"自检"，确保为下道工序提供合格的产品（服务）；作为本道工序的操作者，要求员工必须认真操作，不断提高自己的技术技能水平，确保所生产的产品全部合格；作为上道工序的用户，要求员工必须加强对上道工序所提供产品的检查，确保不合格产品不流入本道工序。这种把"自检""互检"和"专职检验"有机结合起来，做到环环相扣、步步严密、层层把关，保证了产品精益求精。

二、加强技术开发

"市场变金猴集团也变，金猴集团变引导市场变"，这是金猴集团产品开发的基本思路，其目的是要实现从市场跟随者到市场引导者的转变。但变有变的原则，万变不离市场，无论何时，金猴集团的目光始终盯着市场需求的变化。1996 年，鉴于我国人民的生活水平有所提高，消费水平和消费需求也有所提升，金猴集团及时推出"精品工程"计划，在产品设计上高起点、高质量、高档次、高标准，不仅满足消费者"经久耐用"的价值期望，还给予消费者美观、舒适的精神享受。为保证这一计划的顺利完成，1997 年，金猴集团斥资 500 万元建起了"省级技术开发中心"，全套引进意大利先进的计算机设计系统和检测试制设备，组建了一支由 40 名具有专业技术职称人员组成的专职技术创新队伍，并成立了由总经理亲自挂帅的技术创新委员会，真正把技术创新工作纳入企业决策层进行有序管理。中心组建后，围绕"研究制鞋新技术，开发制鞋新材料，设计制鞋新楦型，挖掘制鞋新功能"等课题开展攻关研究，取得了一系列成果。1998年，金猴集团改变传统的药物保健观念，把当代制鞋技术同现代医学原理、人脚构造及运动特性相结合，研制出了集磁疗、按摩、换气、减震功能于一体的保健皮鞋，通过对脚的经络、穴位进行磁疗按摩并加强鞋内空气流通，不断调节和改善人体机能，实现在自然状态下长时间地对足部保健。这种皮鞋填补了国内空白，荣获了国家专利，受到了广大消费者的青睐。

2007年，金猴抓住我国军队被装采购改革、面向社会公开采购的机遇，利用企业的技术、规模和品牌优势，大力开展军品研发，现已经成为军鞋、军包、军腰带的核心研发和生产主力。自2007年以来，金猴集团与总后军需装备研究所合作，经过反复调整研发方案、脚型实地测量、产品批量试穿，最终于2008年成功研发出了07A将常服皮鞋和07A校尉常服皮鞋，该产品应用了纳米陶瓷材料、天然橡胶改性材料、鞋类微观环境净化技术等新材料、新技术，极大提高了产品的防滑性、耐磨性和卫生性。经多次试验、检测表明，该产品可在冰块、水磨石地面上自由行走，具备抗菌、除臭作用，受到官兵的一致好评。金猴集团以其规模化产能和先进的生产技术，一举获得07A校尉常服皮鞋45%的订单。

三、绿色引领行业先机

环保是皮革行业永恒的议题。我国加入WTO以后，一些发达国家凭借在多边贸易体制中的主导地位和科技领域的绝对优势，率先制订游戏规则，强制执行技术标准，将包括中国在内的发展中国家置于被动地位。"绿色壁垒"问题在国际贸易中凸显出来，尤其是对于污染比较严重的制革及相关行业影响更为突出。在这种背景下，金猴集团瞄准绿色皮革产业，在产业发展过程中，一方面抓住节能减排的机会，优化产业结构，促进产业升级，降低能耗；另一方面，近年来，金猴集团倡导"绿色、健康"的研发理念，着力推动了皮革制品产业结构的优化升级，同时，加大技术研发力度，严把产品质量关，以科技和质量打造企业品牌。

2009年12月7日，金猴集团与山东日照绿色民足鞋革科技服务公司共同研制的LSMZ系列复合微乳抗菌除臭剂新型鞋材处理剂正式通过了山东省科技厅组织的成果鉴定，并申请了国家的专利。该产品现已批量生产，推向市场，具有工艺简单、成本低、抗菌除臭效果好等特点，为鞋材厂、制鞋企业及医药生产厂家提供了较为实用的功能性抗菌材料。其技术指标均达到《纳米复合微乳型抗菌除臭剂》（Q/RLSMZ002-2009）企业标准的要求，是新一代的鞋内专用抗菌除臭剂。该产品采用纳米抗菌材料和纳米灭活技术直接净化鞋内环境，同时具有长时间不分解和长效灭菌功能。该技术填补了国内空白，实现了良好的经济效益和社会效益。目前这一产品已经成功应用到了军装皮鞋等产品中。

四、实施资本运作

从1992年开始，金猴集团以威海市皮鞋厂为核心，以资产为纽带，以"统一品牌，输出管理，提供服务，完善体系"为原则，通过兼并和新建的方式组建起威海市金猴集团。至此，金猴集团已形成了生产皮鞋、运动鞋、鞋材、服装、皮具五大产品系列，550多个产品品种的规模。

【案例题解】

1. 企业根据市场调查信息设计和开发新产品，必须从产品的整体概念出发考虑产品，以下哪几项不是产品整体概念所涉及的内容？（　　　）

A．核心产品   B．优质产品   C．形式产品   D．高档产品

题解：

产品整体概念包括核心产品、形式产品、期望产品、附加产品、潜在产品等层次的内容，不包括优质产品和高档产品。

2．金猴集团的产品组合宽度为（   ）。

A．3   B．4   C．5   D．6

题解：

产品组合宽度（广度）是指企业拥有的产品线的数量。金猴集团公司已形成了生产皮鞋、运动鞋、鞋材、服装、皮具五大产品系列的规模，故产品组合宽度=5。

3．金猴集团从 2000 年开始，对其产品组合进行了调整，增加了高档纳米皮鞋产品的生产，该皮鞋性能优越，而且具有许多难以模仿的针对性功能。请问企业在产品线延伸时采取的是（   ）。

A．向上延伸策略   B．向下延伸策略

C．水平延伸策略   D．垂直延伸策略

题解：

产品线延伸策略包括向下延伸（增加低档产品项目）、向上延伸（增加高档产品项目）和双向延伸（同时增加高档产品项目和低档产品项目）。而没有水平延伸策略、垂直延伸策略的内容。本题在原产品组合中增加高档产品生产，属于向上延伸策略。

4．金猴集团生产的皮鞋、运动鞋、鞋材、服装、皮具这五大产品系列的产品均采用"金猴"品牌，这是品牌的（   ）策略。

A．统一品牌   B．个别品牌

C．品牌延伸   D．品牌扩大

题解：

① 统一品牌策略是指企业所有产品都使用同一品牌。本题中金猴集团使用的即是统一品牌策略。

② 个别品牌策略是指企业各种不同的产品分别使用不同的品牌。

③ 品牌延伸策略是指企业利用其品牌成功推出新产品或改良产品。

④ 品牌扩大策略，品牌策略中没有这样一种类型。

5．金猴集团实施"三重角色"管理理论加强产品的质量管理，试问，金猴集团的"三重角色"管理理论的内容是什么？

题解：

金猴集团运用"三重角色"管理理论，实施全员、全方位的质量管理。其内容是：金猴集团公司要求员工任何时候都必须同时扮演好服务者、操作者、用户这 3 种角色。作为下道工序的服务者，要求员工必须加强"自检"，确保为下道工序提供合格的产品（服务）；作为本道工序的操作者，要求员工必须认真操作，不断提高自己的技术技能水平，确保所生产的产品全部合格；作为上道工序的用户，要求员工必须加强对上道工序所提供产品的检查，确保不合格产品不流入本道工序。这种把"自检""互检"和"专职检验"有机结合起来，做到环环相扣、步步严密、层层把关，保证了产品精益求精。

【案例练习】

1．企业定以"高价并配合高强度"的促销方式向一级市场推出纳米多功能皮鞋，这一策略是（ ）。

　　A．快速撇脂策略　　　　　　　　　B．缓慢撇脂策略

　　C．快速渗透策略　　　　　　　　　D．缓慢渗透策略

2．金猴集团所有皮鞋产品的包装在图案、色彩等方面均基本相似，这运用的是产品包装的（ ）策略。

　　A．类似包装　　　B．统一包装　　　C．组合包装　　　D．改变包装

3．金猴集团产品组合的平均长度为（ ）。

　　A．100　　　　　B．50　　　　　　C．550　　　　　D．110

4．皮鞋产品属于（ ）。

　　A．便利品　　　　　B．选购品　　　　C．特殊品　　　　D．非渴求品

5．结合案例分析，金猴集团为什么要采取"市场变金猴集团也变，金猴集团变引导市场变"产品开发的思路？公司是怎样实施这一计划的？

6．结合案例分析，金猴集团为什么如此重视品牌对产品销售的作用？

【综合训练】

一、人才管理策略

千百度公司实行"人性化管理"，简单地说就是"员工至亲"管理。公司始终认为，没有员工就没有产品，没有员工就没有企业，员工是企业生存和发展的根本。正如政治经济学原理所说，人在各种生产要素中起决定性作用，再好的产品需要员工来制造，再好的制度需要员工来执行，再好的企业文化需要员工来建设。

1．情感动人，团结员工

在日常管理工作中，除了用制度来约束和规范员工外，更主要的是用情感来感动和团结员工。对员工而言，前者的效果是被动接受，有束缚感，容易产生消极对立情绪，而后者的效果是主动顺从，自觉遵守，态度积极，心情舒畅。在千百度公司里，工厂绿化得跟花园一样，厂房建得宽敞明亮；单身公寓实行旅馆式管理，电话、宽带直通每个房间；生产设备与时俱进，不断降低劳动强度；娱乐设施和健身场所一应俱全；生产淡季组织全体职工旅游。员工过生日，公司送上精美的蛋糕；员工生病了，公司主动为其联系医院，领导和同事都去看望；员工或家属病逝了，公司领导亲自去慰问；员工子女升学了，公司给予祝贺奖励；员工家庭遭遇不幸了，公司给予及时救助。除了发放工资，企业为职工按时交纳各种社会保险，以使职工在生病、受伤、生育、失业、退休的情况下都有保障。公司关心员工，员工也能用认真工作的行动报答公司——大家都以公司为家，安定团结，爱岗敬业，外流的职工很少。

2．重视人才、重用人才

千百度公司非常重视人才，也非常重用人才，只要你有才能，公司就给你搭建舞台；只要你想创业，公司就给你提供机会。公司的原则是公平竞争，优胜劣汰。舞台很大，机会很多，谁能脱颖而出，要看实力，要凭真本事。另外，人的需求是有层次的，除了合理的薪酬外，还需要得到尊重，得到社会认可，要获得亲情、荣誉和相应的地位，这才是一个人才全部价值的体现。千百度公司充分认识到了这一点，在重视人才、重用人才的同时，也遵循人的需求，加强人才的激励。

二、品牌策略

千百度公司始终重视产品品牌的培育，充分运用品牌形象在新市场和消费者心目中赢得知名度和形象认同。虽然农村消费者的经济收入水平提高了不少，但大部分农村消费者的任意可支配收入还是不高，然而，与城市消费者相同，他们也希望使用到名牌产品。对此，千百度公司十分注重运用品牌策略与消费者沟通，把品牌知名度作为进军目标市场首要追求的目标，并将"塑造好的品牌形象"作为公司的长远目标，通过大量的广告和品牌推广活动，赢取消费者对企业产品品牌的认同。

千百度公司对公司的洗发水产品设置了两个品牌，即"千百度"和"千千秀"。两个品牌独立核算费用，鼓励品牌之间的竞争，以提高公司的整体市场份额，降低单一品牌的风险。再如，公司为其洗衣粉产品设置品牌为"千千净"，为其香皂产品设置为"千日香"品牌。

三、新产品开发策略

自成立开始，千百度公司就一直重视新产品的开发研制。首先，企业于 2000 年成立了一个创新性研究开发团队，并由企业总经理、研发部经理和营销部经理共同负责团队建设。每年公司给团队划拨 200 万元的专项研究开发经费，用于新产品的研究开发。其次，公司根据用户需求不断改进和研制新产品——公司每年都组织专门的调查人员进行消费者需求的调查，以及时了解消费者需求的变化。此外，公司要求研究开发人员对生活细节进行观察总结，以增进研发的广度。最后，公司通过对历史文献的钻研学习，从中找到新的启示与构思，力求设计和开发出新产品。

四、产品组合调整策略

在 2002 年以前，公司只生产洗发水系列产品，有"千百度"和"千千秀"两个品牌。从 2002 年开始，公司增加了一条洗衣粉生产线，将洗衣粉产品品牌设置为"千千净"；还增加了一条香皂生产线，将香皂产品设置为"千日香"品牌。至此，公司形成了能生产洗发水、洗衣粉、香皂三大系列，24 个品种的规模。

试根据案例完成以下问题：

1. 2002 年以后，千百度公司产品组合的宽度为（   ）。
   A. 1　　　　　　B. 2　　　　　　C. 3　　　　　　D. 4
2. 2002 年以后，千百度公司产品组合的平均长度为（   ）。
   A. 24　　　　　B. 8　　　　　　C. 3　　　　　　D. 20
3. 千百度公司于 2002 年增加了洗衣粉生产线，所采用的策略属于（   ）策略。
   A. 一体化发展　　B. 密集性发展　　C. 延伸化发展　　D. 多样化发展
4. 千百度公司对其洗发水产品设置了两个品牌，即"千百度"和"千千秀"；并将洗衣粉产品品牌设置为"千千净"，将香皂产品设置为"千日香"品牌。请问千百度公司运用的品牌策略是（   ）。

   A. 个别品牌策略　　　　　　　　B. 多品牌策略
   C. 分类品牌策略　　　　　　　　D. 统一品牌策略
5. 千百度公司是如何进行新产品的开发的？
6. 千百度公司对其洗发水产品，设置了两个品牌，即"千百度"和"千千秀"，请问千百度公司运用的是什么品牌策略？这种策略有哪些特点？

任务二　产品品牌标识陈述训练

【实训例讲】

1．中国电信标识

中国电信标识如图 5-4 所示。

图 5-4　中国电信标识

中国电信标识，是以中国电信英文"China TELECom"中的"CTC"组成，上半部的"C"字形似一个牛角，象征着中国电信未来蓬勃发展的远景；中间的"C"字形似一个飞翔物，寓意中国电信的腾飞，同时，也组成了中国电信的一个生动的"中"字。两个"C"也是电话的形象，标志着以地球圆形为背景，代表中国电信的国际化。

该标识整体造型质朴简约、线条流畅、富有动感，以中国电信的英文首字母 C 的趋势线进行变化组合，似张开的双臂，又似充满活力的牛头和振翅飞翔的和平鸽，具有强烈的时代感和视觉冲击力，传递出中国电信的自信和热情，象征着四通八达、畅通、高效的电信网络连接着每一个角落、服务更多的用户，也强烈表达了中国电信"用户至上，用心服务"的服务理念，体现了与用户手拉手、心连心的情感，同时也蕴含着中国电信全面创新、求真务实、不断超越的精神风貌，展现了中国电信与时俱进、奋发向上、蓬勃发展，致力于为用户创造美好生活的良好愿景。

2．中国网通标识

中国网通标识如图 5-5 所示。

图 5-5　中国网通标识

中国网络通信集团公司（此后简称"中国网通集团"）的企业标识由文字和图形两部分组成，具有鲜明的时代特征和行业特点，标识中两个"互动"的英文字母"C"组成一个虚形的"N"，既是 CHINA NETCOM 的缩写，又是中文"网"字的写意形式，生动地将电信行业交流互动的特点转化为视觉形象；其圆形的轮廓象征着中国网通全球化的发展趋势，背景和字母的巧妙结合蕴含了科技与未来的深刻寓意；中文字体以合适的角度倾斜，折射出奋发有为的进取精神。

该标识具有独特的艺术美感和象征意义，是一个富有生命力的有机整体，它汇集了中国电信北方 10 省（区、市），中国网络通信（控股）有限公司和吉通通信有限责任公司原标识的特征，形象地不仅体现出中国网通集团融合内部一切积极因素和优秀资源的内在品质，还体现了中国网通集团作为一个特大型国有电信企业带领全体员工共同奋斗的信心和决心。

3．中国人寿的品牌标识

中国人寿的品牌标识如图 5-6 所示。

图 5-6　中国人寿的品牌标识

中国人寿的品牌标识是非常具有特色的，能很好地体现出中国人寿的品牌核心价值。2003 年 9 月，中国人寿对视觉识别系统进行了统一的调整，将公司原来的标识旋转 180°，开口的圆环由左下变成了右上。

在新标识中，C 形圆环代表中国人寿，圆球代表客户。圆环细心呵护、高高托起圆球，表明了中国人寿"以人为本、关爱生命"的崇高境界和"客户至上、一言九鼎"的庄严承诺，体现了"成己为人、成人达己"的文化理念；而标识的色彩中，银灰色是成熟、稳健的象征，草绿色是生机、活力的体现，彰显了中国人寿"诚信为本、稳健经营"的本色风格，预示着中国人寿的事业蓬勃向上、不断发展。

4．海尔新标识

海尔新标识如图 5-7 所示。

图 5-7　海尔新标识

海尔的新标识以"海尔+Haier"组成，与原来的标识相比，新的标识延续了海尔 20 年发展形成的品牌文化，同时更加强调了时代感。

英文标识每笔的笔画比以前更简洁——共 9 画，"a"减少了一个弯，表示海尔人认准目标不回头；"r"减少了一个分支，表示海尔人向上、向前的决心不动摇。海尔新标识的设计核心是速度。因为在信息化时代，组织的速度、个人的速度都要求更快。英文新标识的风格是简约、活力、向上。英文新标识整体结构简约，预示着海尔组织结构更加扁平化，每位员工更加充满活力，对全球市场有更快的反应速度。

新标识的汉字部分是中国传统的书法字体，其设计核心是动态与平衡；风格是变中有稳。书法字体的每一笔，都蕴含着勃勃生机，视觉上有着强烈的飞翔动感，充满了活力，寓意着海尔人为了实现创世界名牌的目标不拘一格、勇于创新。在"海尔"这两个字中都有一个笔画在整个字体中起平衡作用,"海"字中的一横,"尔"字中的一竖,"横平竖直",使整个字体在动感中又有平衡,寓意变中有稳,即企业无论如何变化都是为了稳步发展。

【实训目的】

① 能搜寻到一个有创意的产品品牌标识。

② 能完整地打印出该产品品牌标识的形状。

③ 能总结归纳出该产品品牌标识的特色或特点。

④ 能简要说出选择该产品品牌标识的理由。

【实训组织】

① 布置任务:将教学班学生按每组 6～8 人的标准划分成若干任务小组,每个小组成员搜寻一个产品品牌标识。

② 搜寻选择:各小组成员总结归纳自己所搜寻到的产品品牌标识的特点,列明选择该产品品牌标识的理由,之后形成产品品牌标识课堂实训报告,报告格式如图 5-8 所示。

③ 课堂陈述:各任务小组成员上交产品品牌标识课堂实训报告,由指导教师从每组中选择一份具有代表性的产品品牌标识实训报告,并邀请其小组代表上台陈述。

④ 评价效果:各小组代表陈述后,指导教师点评该次产品品牌标识实训的情况,并由全班同学不记名投票,评选出该次课堂实训的获奖小组,给予表扬与奖励。

产品品牌标识课堂实训报告

第 ___5___ 次实训

班级_____ 学号_____ 姓名_____ 实训评分_____

实训时间_____ 实训名称 产品品牌标识课堂实训

一、产品品牌标识的形状

二、产品品牌标识的特点

三、选择该品牌标识的理由

四、实训心得体会

五、实训评价(指导教师填写)

图 5-8 产品品牌标识课堂实训报告格式

任务三 产品品牌标识设计技能训练

【实训背景】

江西泉美矿泉饮品公司是一家民营企业,主要生产深层矿泉水和矿泉茶饮品,其产品在赣州地区市场有一定的知名度。为有效地开拓整个江西市场、有效地树立企业及其产品的形象,公司决定为泉美品牌征集一个有特色的品牌标识。标识创作要求能体现企业产品的特点,能体现公司"团结奋进、积极向上、顾客至上"的经营宗旨。

若你是一名应征者,请为泉美公司创作一个有特色的品牌标识,并详细地写出创作的思路与标识的寓意。

【实训目的】

① 能认识并实现组织分工与团队合作。

② 能设计出符合要求的有创意的品牌标识。

③ 能整理总结出产品品牌标识设计课题分析报告。

④ 能清晰地口头表达出产品品牌标识设计实训心得。

【实训组织】

① 组建实训课题小组:将教学班学生按每组 6～8 人的标准划分成若干课题小组,每个小组指定或推选出一名小组长。

② 确定实训小组课题:每个小组根据产品品牌标识设计背景资料的要求,完成一个产品品牌标识的设计。

③ 实施设计课题研究:各小组长根据产品品牌标识设计的计划,调配资源,明确各组员的任务,并督促大家有效地完成任务,包括产品品牌标识设计的草拟、修改和定稿,产品品牌标识设计课题分析报告的撰写、打印,以及小组的发言等。

④ 撰写实训课题报告:每个小组完成一份产品品牌标识设计的课题分析报告。报告格式如图 5-9 所示。

⑤ 陈述设计实训心得:由各小组推荐的发言人或小组长代表本小组陈述本小组实训课题分析报告和实训心得。

产品品牌标识设计实训报告

第 ___5___ 次实训

班级_____ 学号_____ 姓名_____ 实训评分_____

实训时间_____ 实训名称 _产品品牌标识设计实训_

一、实训案例背景

二、实训目标要求

三、实训操作内容

四、实训心得体会

五、实训评价(指导教师填写)

图 5-9 产品品牌标识设计实训报告格式

☎ **岗位工具模板**

1. 新产品开发计划表模板

新产品开发计划表模板见表 5-1。

表 5-1　新产品开发计划表模板

项　目			内　容
销售及生产计划	产品基本情况	名称	
		性能	
		使用价值	
		其他	
	目标市场	地区	
		客户类型	
		销售途径	
		竞争产品或替代品简析	
投资计划	销售预测	产品价格定位	
		其他	
		产品生命周期	
		主要竞争对手产销能力分析	
		未来 3 年销售预测	
		未来 3 年生产计划	
	固定资金投入	土地投入	
		厂房投入	
		生产设备投入	
		辅助设施投入	
	流动资金投入	开办费	
		生产启动资金	
	人力资源投入		
项目研究计划	项目编号及名称		
	项目内容		
	研究人员		
	研究进度		
投资效益分析	盈亏平衡分析		
	投资回报分析	投资回报率	
		投资回收期	
	未来 3 年损益预测		
	投资风险分析		

2．新产品潜在客户追踪表模板

新产品潜在客户追踪表模板见表 5-2。

表 5-2 新产品潜在客户追踪表模板

编 号	产品名称	潜在客户				预计购买时间			预计购买量	竞争对手	备 注
		姓 名	电 话	特 点		一月内	三月内	半年内			
1											
2											
3											
……											

3. 品牌形象分析表模板

品牌形象分析表模板见表 5-3。

表 5-3 品牌形象分析表模板

品牌名称		分析人	
品牌内容形象		品牌包装形象	
等级		个性程度	
外形		价格	
注目程度		陈列	
其他		改善建议	

4. 品牌价值评估表模板

品牌价值评估表模板见表 5-4。

表 5-4 品牌价值评估表模板

品牌名称	品牌生产销售状态	品牌市场需求度评价	品牌市场占有率	品牌市场地位评价	品牌价值实现度
品牌 A					
品牌 B					
品牌 C					
品牌 D					
……					

5. 品牌维护计划表模板

品牌维护计划表模板见表 5-5。

表 5-5 品牌维护计划表

品牌名称：   填写时间：

地 区	维护方式	实施时间	费用预算	效果评估	备 注
地区 A					
地区 B					
地区 C					
……					

6

第6章　价格策略实训

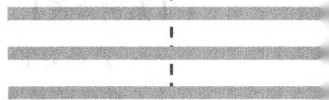

岗位工作认识

一、岗位技能要求

1. 能理解和运用产品定价的基本方法。
2. 能理解和运用产品定价的策略。
3. 能掌握投标说明书实训报告的写作方法。

二、岗位工作描述

价格策略岗位工作描述如图 6-1 所示。

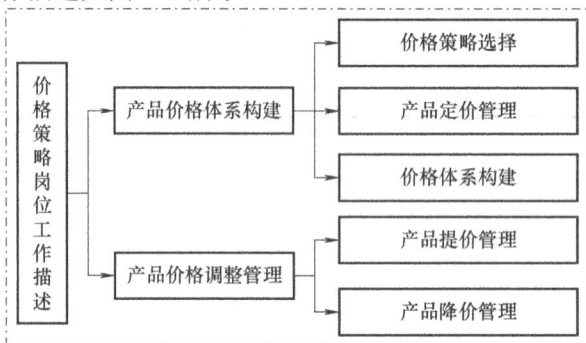

图 6-1　价格策略岗位工作描述

三、岗位工作流程

价格策略岗位工作流程如图 6-2 所示。

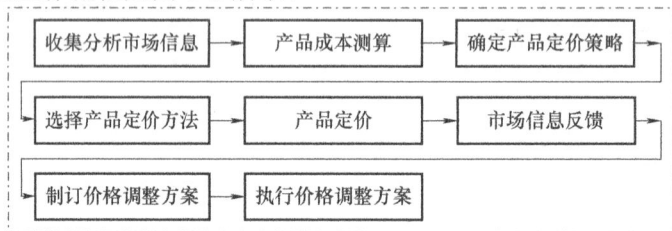

图 6-2　价格策略岗位工作流程

岗位技能训练

任务一　价格策略案例分析

【案例背景】

一、产品定价策略

1. 梯度价格策略

金猴集团将产品定位为大众化产品,目的是拓宽市场适应面,尽可能满足大多数人的需求。

企业产品的定价与其市场定位相一致，产品价格从40元到2800元不等。具体表现为：一线市场为一线价格，二线市场为二线价格，三线市场为三线价格，出口商品参照一线市场价格。金猴集团把全国各主要大中城市以及经济比较发达的东南沿海地区划为一线市场，对于一线市场，企业主要采取提供最新产品、加速产品更新换代、保证品种齐全、及时供应、加强服务等措施，采用优质优价的定价策略，价格一般为200～2800元；把中小城市、沿江（长江）沿线（京广线）地区和华中各省划为二线市场，企业主要通过加强广告宣传、适当开展促销等策略，把一线市场销售比较成熟的产品投放到二线市场，二线市场的定价较一线市场低一些，一般为100～1500元；把西部偏远地区及广大农村划为三线市场，企业对这一市场的定价策略是物美价廉、经济实用，价格一般为40～200元；对于出口产品，企业不仅保证产品质量上乘，技术先进，还采用自有"金猴"品牌，价格参照一线市场，一般都在100美元以上。

2. 出口产品定价

为了做好产品的出口，开拓国际市场，自1993年开始，企业决定开展质量认证，主动与国际标准接轨，先后多次派人参加由国家、省级认证工作专家讲授的ISO 9000系列标准培训班，并虚心向威海市质量技术监督局的专家请教，邀请他们到公司进行指导。1994年6月7日，企业正式通过国家"方圆"质量认证（ISO 9002），成为当时中国皮鞋行业首家获准使用"方圆"认证标志的企业，开皮鞋产品质量认证之先河，为产品开拓国际市场奠定了质量基础。自1996年开始，企业先后在日本、韩国、美国、柬埔寨等6个国家申请注册了"金猴"商标。为避免一些鱼目混珠商标的侵害，1997年，企业又依法对"孙悟空""孙大圣""美猴王""齐天大圣""孙行者""悟空""大圣"共7个与"金猴"类似的商标进行了防御性注册，为走向国际市场扫清了障碍。1998年9月，企业与世界皮革王国意大利著名的COMCEDIA公司签订合作协议，金猴集团以"金猴"这一著名品牌投资、意方以技术投资，双方开始了共同在意大利生产"JINHOU"牌皮鞋、产品直接销往欧美市场的合作，大大提高了金猴皮鞋在欧美市场的竞争能力。企业通过市场调查，在分析了国际市场的供求状况、综合比较同类产品的市场价格之后，结合企业的出口经营目标和竞争能力，估计金猴皮鞋在国际市场的基本价格为238.5美元，零售商毛利一般需为30%，进口商毛利一般需为15%（以其成本为基数），增值税为12%（以CIF价加关税为基数），关税为10%（以CIF价为基数），运输保险费为1.5%（以CIF价为基数），该种款式的皮鞋在国内市场的销售价为每双1028元，企业为了提高国际市场的竞争力，出口商品价格一般可以低于国内市场，但不得低于国内市场价格的10%。

3. 特价营销

自1999年"金猴"品牌被国家工商局认定为"中国驰名商标"开始，为推进金猴产品的销售和提升金猴产品的市场地位，金猴集团在全国金猴产品连锁店实行特价销售的办法，即每月推出一款特价皮鞋，其价格远远低于原价。对于特价皮鞋，限量供应，每个连锁店每天供应10双，每人每月只能购买1次特价产品。

2013年1月13日，位于威海市和平路的金猴特价商场正式营业，主营金猴特价男女皮鞋、特价皮具。该商场采用仓储式的格局，商品大众化、经营工厂化、设施简单化，更以低于出厂价的商品价格给出多种价格优惠，吸引了众多消费者。

二、价格调整策略

2005年，企业面对激烈的市场竞争，为了提高市场占有率、增强竞争能力，在对市场需求和经营环境进行详细分析后，为应对市场竞争者的降价促销，企业立即做出价格调整：中低档皮鞋价格普遍降价 10%左右，高档皮鞋维持原价，但在购买时可以享受到礼品赠送服务；新开发的纳米功能鞋由于其特殊功效，产品供不应求，价格上调 5%。另外，在春节期间，根据市场需求制订了一系列的差别定价策略，以促进产品销售：①满足不同顾客群的需求——教师凭教师资格证购买可以享受 8 折优惠，公安干警打 8 折，学生打 7 折。②专为进城务工人员开辟绿色通道，凭进城务工证和身份证可以享受 6 折优惠。

【案例题解】

1. 企业针对市场细分后不同的细分市场制订不同的价格，该定价策略是（　　　）。

    A. 差别定价策略　　　　　　　　　　B. 心理定价策略

    C. 分区定价策略　　　　　　　　　　D. 产品组合定价策略

题解：

① 差别定价策略是指企业依据需求的不同时间、地点、产品及不同类型顾客的差别来决定在基础价格上是加价还是减价，以两种或两种以上不反映成本费用的比例差异的价格进行产品销售。

② 心理定价策略是指依据消费者的购买心理，来调整产品价格的策略。

③ 分区定价策略是指企业把全国（或某些地区）分成若干价格区，针对卖给不同价格区顾客的产品，分别制订不同的地区性价格。

④ 产品组合定价策略是指当企业某种产品成为一个产品组合时，对这组产品中的各产品的基本定价进行适当修订的定价策略。

2. 企业对新开发的纳米功能鞋定价在每双 1500～2800 元不等，大大高于现有皮鞋的价格，该新产品定价策略是（　　　）。

    A. 声誉定价策略　　　　　　　　　　B. 心理定价策略

    C. 市场撇脂定价策略　　　　　　　　D. 市场渗透定价策略

题解：

① 声誉定价策略是指针对消费者"一分钱一分货"的心理，对在消费者心目中享有声望、具有信誉的产品制订较高的价格。

② 心理定价策略是指依据消费者的购买心理，来调整产品价格的策略。

③ 市场撇脂定价策略是指在产品生命周期的最初阶段（新产品上市时），把产品的价格定得很高，以获得较高利润的定价策略。

④ 市场渗透定价策略是指企业把新产品的价格定得相对较低，以吸引大量顾客，提高市场占有率的定价策略。

3. 自 1999 年"金猴"品牌被国家工商局认定为"中国驰名商标"开始，为推进金猴产品的销售和提升金猴产品的市场地位，金猴集团在全国金猴产品连锁店实行特价销售办法，每月推出一款特价皮鞋。这是（　　　）策略。

    A. 折扣定价策略　　　　　　　　　　B. 声誉定价策略

    C. 差别定价策略　　　　　　　　　　D. 招徕定价策略

题解：

① 折扣定价策略是指企业为鼓励买主及早付清货款、大量购买、淡季购买及配合促销，给予一定的价格折扣与让价的策略。

② 声誉定价策略是指针对消费者"一分钱一分货"的心理，对在消费者心目中享有声望、

具有信誉的产品制订较高的价格。

③差别定价策略是指企业依据需求的不同时间、地点、产品及不同类型顾客的差别来决定在基础价格上是加价还是减价，以两种或两种以上不反映成本费用比例差异的价格进行产品销售。

④招徕定价策略是指将产品价格调整到低于价目表价格甚至低于成本费用，以招徕顾客促进其他产品的销售。

4. 结合案例分析，金猴集团应对市场竞争者降价促销的对策是什么？

题解：

为应对市场竞争者的降价促销，企业立即做出价格调整：中低档皮鞋价格普遍降价10%左右；高档皮鞋维持原价，但在购买时可以享受到礼品赠送服务；新开发的纳米功能鞋由于其特殊功效，产品供不应求，价格上调5%。

【案例练习】

1. 春节期间，金猴集团根据市场需求制订了一系列的价格政策，以促进产品销售：①为满足不同顾客群的需求，教师凭教师资格证购买可以享受8折优惠，公安干警打8折，学生打7折。②专为进城务工人员开辟绿色通道，凭进城务工证和身份证，可以享受6折优惠。这种定价策略是（   ）。

    A．差别定价策略　　　　　　　　B．声誉定价策略

    C．招徕定价策略　　　　　　　　D．折扣定价策略

2. 金猴集团规定，顾客一次性购买金猴皮鞋两双以上，可享受5%以上的折扣，这种折扣策略属于（   ）策略。

    A．季节折扣　　　　B．现金折扣　　　　C．数量折扣　　　　D．销售折扣

3. 自1999年"金猴"品牌被国家工商局认定为"中国驰名商标"开始，为推进金猴产品的销售和提升金猴产品的市场地位，金猴集团在全国金猴产品连锁店实行特价销售办法，每月推出一款特价皮鞋。这是一种怎样的定价策略？该定价策略对企业产品销售有怎样的促进作用？

4. 试分析差别定价策略包括哪些方式？实行差别定价必须具备什么条件？

【综合训练】

广东千百度日化用品有限公司将产品定位为大众化产品，目的是拓宽市场适应面，尽可能满足大多数人的需求。企业产品的定价与其市场定位相一致，千百度公司选择的目标市场是农村城镇市场，农村城镇市场的消费者的平均收入虽然有了很大的提高，但随着医疗、教育等支出的快速增长，以及农村城镇市场消费者更倾向于储蓄支出，于是其人均可支配收入仍然处于较低水平。另外，该市场对产品档次的要求较低，关键是产品质量有保证，因此，千百度公司对企业产品的价格制订为低价位。一般是综合市场上同行业产品价格，再考虑企业让利的承受能力，制订出的产品价格大多数比同行业同等质量产品的价格低5%～10%。

农村市场与城市市场有个很大的区别，就是农村消费者不会也不可能会经常去商场、超市购物。农村消费者离乡镇市场所在地一般都有一段较远的距离，因此他们不可能像城市消费者那样可以随时去商场超市购物。农村市场的消费者多数是集中在一个固定日期（如每月逢五为集市日）到集市去"赶集"。针对这个特点，千百度公司通过广泛调查，收集到各个目标市场的赶集日信息，然后充分利用赶集日的人气，采用多种促销方式吸引消费者。为了

配合促销活动的开展，公司对产品的价格制订也做了很大调整与变化。

首先，千百度公司在目标市场上实行会员销售制度。对于购买两瓶以上洗发水或购买系列产品的顾客，不仅可以享受到一定的价格折扣，还可免费获得一张千百度公司的会员卡。同时，销售人员明确叮嘱拥有会员卡的顾客，下次购物时一定要带来，这样可以更优惠。其次，公司对其所有产品的定价都留有尾数，原本定价为 12 元的洗发水，通常都要求标价为11.97 元。其三，对一次购买数量达到 20 元以上的顾客，都免费赠送公司的千千净牌洗衣粉或千日香牌香皂。再次，一次购买两瓶或两瓶以上千百度洗发水的顾客，再加 1 元，就可获得价值 6 元的千百度公司千千净牌洗衣粉或千日香牌香皂。最后，每次集市日都推出一款特价产品，或是洗发水，或是洗衣粉，或是香皂，价格低至平时的一半。对于特价产品，实行限量销售，每人每天只能购买 1 次且只能是 1 包或 1 瓶。

试根据案例资料回答以下问题：

1. 千百度公司一般先考虑综合市场上同行业产品的价格，然后考虑企业让利的承受能力，进而制订出产品的价格，该方法是（　　　）。

    A. 成本导向定价法　　　　　　　　B. 竞争导向定价法

    C. 需求导向定价法　　　　　　　　D. 市场导向定价法

2. 千百度公司对购买两瓶或两瓶以上洗发水或购买系列产品的顾客，给予一定的价格折扣优惠，这种价格折扣优惠是（　　　）。

    A. 销售折让　　　B. 现金折让　　　C. 现金折扣　　　D. 数量折扣

3. 千百度公司对其所有产品的定价都留有尾数，原定价为 12 元的洗发水，通常都要求标价为 11.97 元。试问这是怎样的定价策略？该策略是依据消费者怎样的心理制订的？

4. 千百度公司在农村城镇市场的每次集市日上都推出一款特价产品，或是洗发水，或是洗衣粉，或是香皂，价格低至平时的一半。对于特价产品，实行限量销售，每人每天只能购买 1 次且只能是 1 包或 1 瓶。试分析公司采取的是怎样的定价策略？该种策略有什么特点？

5. 结合案例分析，你认为千百度公司还可以采取哪些更有效的定价方法和策略？该公司面对竞争对手的降价促销应该采取怎样的应对措施？

任务二　投标说明书陈述训练

【实训例讲】

办公楼维修工程投标书

××省乡镇企业局（××省中小企业局）

① 在研究了××省乡镇企业局（××省中小企业局）办公楼维修工程的施工招标文件及招标补充文件和考察了工程现场后，我方愿意按人民币 878714.43 元（大写：人民币捌拾柒万捌仟柒佰壹拾肆元肆角叁分）的投标价完成我方投标文件所报的全部工作内容并以此作为本工程的结算依据，并遵守招标文件的要求承担本合同工程的实施、完成及其缺陷修复工作。

② 一旦我方中标，我方将保证在按合同协议书中规定的工期 85 日历天内完成并移交全部工程，工程质量优良。

③ 我方同意在规定的开标之日起 30 天的投标文件有效期内严格遵守本投标函的各项承诺。在此期限届满之前，本投标函始终对我方具有约束力，并随时接受中标。

④ 在合同协议书正式签署生效之前，本投标函连同你单位中标通知书将构成双方之间共

同遵守的条件，对双方具有约束力。

⑤ 我方理解你单位不负担我方的任何投标费用。

⑥ 随同本投标函，我方出具金额为人民币贰万元的投标保证金。如果我方在本投标文件有效期内撤回投标文件或未能按招标文件规定提交保证金，你单位有权不退还我单位的投标保证金，并另选中标单位。

⑦ 如中标，我方承诺在招标文件规定的时间内，以招标文件规定的方式和额度提交履约保证金（中标金额的 5%，以现金或转账的方式）。

投标人：四川××建设事业有限公司（盖章）

法定代表人或其授权委托人：（签字或盖章）

日期：2006 年 08 月 12 日

【实训目的】

① 能搜寻到一个完整的投标说明书。

② 能清晰表达出该投标说明书的内容。

③ 能总结归纳出该投标说明书的特色或特点。

④ 能简要说出选择该投标说明书的理由。

【实训组织】

① 布置任务：将教学班学生按每组 6～8 人的标准划分成若干任务小组，每个小组成员搜寻一份投标说明书。

② 搜索选择：各小组成员总结归纳自己所搜寻到的投标说明书的特点，列明选择该投标说明书的理由，之后形成投标说明书课堂实训报告，报告格式如图 6-3 所示。

③ 课堂陈述：各任务小组成员上交投标说明书课堂实训报告，由指导教师从每组中选择一份具有代表性的投标说明书实训报告，并邀请其小组代表上台陈述。

④ 评价效果：各小组代表陈述后，指导教师点评该次投标说明书实训的情况，并由全班同学不记名投票，评选出该次课堂实训的获奖小组，给予表扬与奖励。

投标说明书课堂实训报告

第 __6__ 次实训

班级_____ 学号_____ 姓名_____ 实训评分_____

实训时间_____ 实训名称 投标说明书课堂实训

一、投标说明书的内容

二、投标说明书的特点

三、选择该投标说明书的理由

四、实训心得体会

五、实训评价（指导教师填写）

图 6-3　投标说明书课堂实训报告格式

任务三　投标说明书写作技能训练

【实训背景】

江西泉美矿泉饮品公司在赣江日报上阅读到一则赣江集团公司矿泉水与茶饮料的采购招标公告,结合公司现有的实力与条件,公司决定投标赣江集团公司矿泉水与茶饮料的采购项目。请根据赣江集团公司矿泉水与茶饮料的采购招标公告资料以及江西泉美矿泉饮品公司的经营状况,制作一份矿泉水与茶饮料的投标书。

赣江集团公司矿泉水与茶饮料的采购招标公告

赣江集团公司拟采购一批矿泉水与茶饮料,现就该次采购项目进行国内公开招标,欢迎国内合格的供应商前来投标。

- 招标编号:BJCG-081102
- 招标货物名称及数量:① 矿泉水:2000 箱,每箱 24 瓶。
  ② 茶饮料:2000 箱,每箱 24 瓶。
- 售标书日期:2008 年 3 月 20 日上午 9:00—11:30。
  售标书地址:赣江集团公司办公大楼三层办公室
- 投标日期:2008 年 3 月 25 日上午 9:00—11:30。
  投标地址:赣江集团公司办公大楼三层办公室
- 开标日期:2008 年 3 月 26 日上午 9:00—11:30。
  开标地址:赣江集团公司办公大楼八层会议室
- 联系人:李明
  联系电话:0797-8866876/8866877
  传真电话:0797-8866855/8866856
  联系地址:赣州市赣江大道
  邮政编码:341000

【实训目的】

① 能认识并实现组织分工与团队合作。

② 能撰写出符合格式要求的投标说明书。

③ 能整理总结出投标说明书写作课题分析报告。

④ 能清晰地口头表达出投标说明书写作实训心得。

【实训组织】

① 组建实训课题小组:将教学班学生按每组 6~8 人的标准划分成若干课题小组,每个小组指定或推选出一名小组长。

② 确定实训小组课题:每个小组根据投标说明书写作背景资料的要求,完成一份投标说明书的写作。

③ 实施写作课题研究:各小组长根据投标说明书的写作计划调配资源,明确各组员的任务,并督促大家有效地完成任务,包括投标说明书写作的草拟、修改和定稿,投标说明书写作课题分析报告的撰写、打印,以及小组的发言等。

④ 撰写实训课题报告：每个小组完成一份投标说明书写作的课题分析报告。报告格式如图 6-4 所示。

⑤ 陈述写作实训心得：由各小组推荐的发言人或小组长代表本小组陈述本小组实训课题分析报告和实训心得。

投标说明书写作实训报告

第 ___6___ 次实训

班级_____　学号_____　姓名_____　实训评分_____

实训时间_____　实训名称　投标说明书写作实训

一、实训案例背景

二、实训目标要求

三、实训操作内容

四、实训心得体会

五、实训评价（指导教师填写）

图 6-4　投标说明书写作实训报告格式

岗位工具模板

1．竞争产品价格调查表模板

竞争产品价格调查表模板见表 6-1。

表 6-1　竞争产品价格调查表模板

产品名称：　　　　　　　　　　　　　　　　　　　　　　　　调查时间：

调查项目	国内产品			进口产品		
调查地点						
所在地址						
产品规格						
包装样式						
零售价						
陈列数量						
陈列位置						
备　注						

2．产品定价分析表模板

产品定价分析表模板见表 6-2。

表6-2 产品定价分析表模板

产品名称				规格型号		
客户类型				目前销售量		
成本分析	原料成本					
	物料成本					
	人工成本					
	制造费用					
	生产成本					
	毛利					
	合计					
竞争产品状况	生产企业	产品名称	品质等级	产品价格	估计年销量	市场占有率
产品定价分析	定价	估计销售量	市场占有率	产品利润率	产品利润额	备注
决定出厂价、零售价						

3. 产品降价申请表模板

产品降价申请表模板见表6-3。

表6-3 产品降价申请表模板

客户名称		订单号码		产品批号	
产品名称		规格型号		订购数量	
责任部门申请描述	申请降价额度				
	申请降价原因				
	申请人			审核	
处理决定					
客户确认					
备注					

4. 产品价格变动记录表模板

产品价格变动记录表模板见表6-4。

表6-4 产品价格变动记录表模板

产品名称：   规格型号：

记录项目		产品价格	产品销量	变动时间
第1次价格变动	原价			
	变动价			
	变动原因及分析			
第2次价格变动	原价			
	变动价			
	变动原因及分析			
第3次价格变动	原价			
	变动价			
	变动原因及分析			

7

第7章　渠道策略实训

岗位工作认识

一、岗位技能要求

1. 能理解和运用分销渠道的设计方法。
2. 能理解和运用分销渠道的激励与管理方法。
3. 能掌握和写作经销合作协议实训报告。

二、岗位工作描述

渠道策略岗位工作描述如图 7-1 所示。

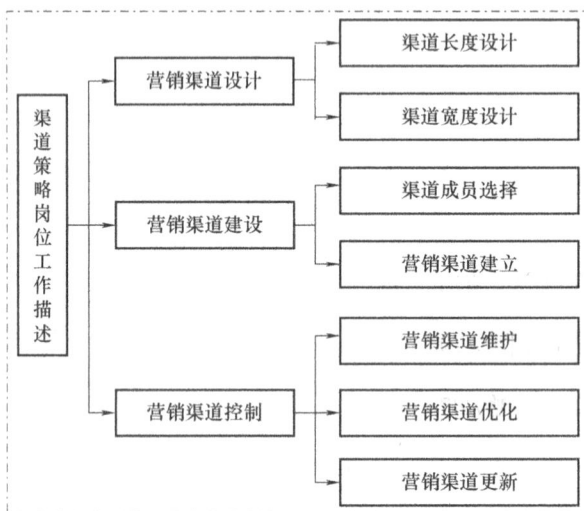

图 7-1　渠道策略岗位工作描述

三、岗位工作流程

渠道策略岗位工作流程如图 7-2 所示。

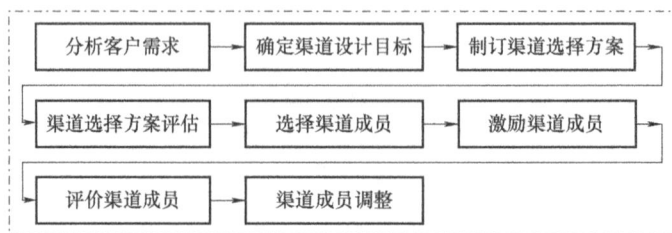

图 7-2　渠道策略岗位工作流程

岗位技能训练

任务一 渠道策略案例分析

【案例背景】

一、"单一渠道，三线建设"

1990 年以前，金猴集团实行"单一渠道，三线建设"的渠道策略。当时，金猴集团根据产品销售情况把全国市场划分为一、二、三线市场，每种新产品上市后都是从一线到二线再逐步转移到三线，产品主要通过全国各地的国营和集体商业进入消费领域。虽然国营、集体商业具有实力强、信誉好、消费者比较信赖等优点，但也存在渠道比较单一、市场比较狭窄等不足。

二、"主动出击，遍地开花"

1990~1997 年，金猴集团实行"主动出击，遍地开花"的渠道策略。面对日益壮大并日趋活跃的个体与私营商业，从 1990 年开始，金猴集团采取"先小心谨慎，后大胆接触"的策略，最终于 1994 年向个体私营商业全面敞开营销渠道，奉行"来的都是客"的原则，在保证带款提货的基础上，加强对个体私营商业的服务，激励他们与国营、集体商业开展竞争，从整体上提高"金猴"产品抢占市场的速度，扩大"金猴"产品覆盖市场的份额。事实证明，个体私营商业比国营、集体商业具有更高的销售热情和工作积极性。

几乎是在与个体私营商业打交道的同时，金猴集团发现，威海乃至全山东省的消费者都十分厚爱"金猴"产品，每年都有很多顾客直接到公司托熟人买鞋，而且威海作为全国优秀旅游城市，大量到威海旅游的客人都想买一双"金猴"皮鞋留作纪念。为什么不把全体员工动员起来，进一步拓展一下身边的市场呢？经过认真的酝酿，1994 年金猴集团正式出台了《全员销售管理制度》，号召每个部门、每个员工在干好本职工作的基础上，利用各种关系，通过各种渠道，广泛宣传并销售自己的产品，同时根据完成销售量的多少，按一定比例给予一定的劳务补偿。每年年初，金猴集团给各部门下达销售计划，然后月月分解、月月检查，超额完成的给予表彰奖励，完不成计划的与奖金挂钩，上至经理，下到职员，无一例外。8 年来，部门业余完成销售收入 2 亿多元，不仅扩大了市场领域，增加了职工收入和企业效益，还使每个部门、每个员工在直接参与产品销售的过程中增强了产品质量意识和市场竞争意识——大家在营销观念上发生了重大变化，都自觉地认识到，"产品销售是每个人分内的事，人人都责无旁贷"。

三、品牌经营，连锁专卖

1997 年以后，金猴集团公司实行"品牌经营，连锁专卖"的渠道策略。正当金猴集团市场铺得很大，产品销售红红火火的时候，商业体制改革步伐加快，国有和集体商业作为商品流通主渠道的作用逐步淡化，加上个体、私营商业的无序竞争，市场秩序变得十分混乱。面对这种局面，金猴集团公司从 1997 年开始规范市场，对原有的国有、集体和个体商业进行全面评估，淘汰一些信誉不太好、开拓能力不强的经销商，对选定的经销商采取更积极的激励措施，除了给予批量进货折扣外，还为经销商培训销售人员开通 800 免费服务热线，每年还对经销商的销售额进行排序，获得前十名的经销商给予丰厚的奖励等。此外，金猴集团公司先后在全国主要大中城市设立办事处、经营部和配货中心，并以其为基础加快发展连锁店、专卖店和店中店，逐步形成以金猴集团为主的、星罗棋布式的连锁经营网络。截至 2002 年，金猴集团公司已在全国设立办事处、经营部和配货中心 20 个，连锁店、专卖店和店中店 1000 多个，其中绝大部分连锁店日销售额都在 5000 元以上，显示出强劲的生命力。2003 年，金猴集团公司投资 3500 万元建成了物流配送中心，实施了 ERP（Enterprise Resource Planning，企业资源计划）项目。2004 年年初，集团将 2005 年确定为"加强市场建设，全面实现信息化管理"年，目标是全年新建金猴连锁店 500 个，年底前全面实现信息化管理。

在市场建设上，金猴集团的目标和方向一直很明确，即"立足山东，瞄准全国，发展国内，开拓国际"。一方面，金猴集团积极开展皮鞋出口业务，力争在国际市场上有较大突破；另一方面，金猴集团在皮包、服装来料加工的基础上，大力开拓内销市场，始终坚持"内销"与"出口"并举，学会用两条腿走路。今天的"金猴"品牌已成为一个在全球范围内拥有 50 多个一级分销商、1000 多个二级分销商、近 5000 个零售商的知名品牌。

四、经销商的激励机制

营销网络的快速扩张和健康发展是金猴集团品牌经营推行的重点，金猴集团特别注重最大限度地让经销商赢利。金猴集团在全国设立了 20 多个配货中心，尽量缩短辐射半径，实行面对面的交易，力求以最快的速度、最多的品种、最低的价格来配货，以利于经销商及时掌控市场信息，灵活应对竞争。自 2000 年起，金猴集团拿出 1000 万元的利润对营销网络进行精心维护，同时全面加强各办事处和经销商的管理和服务水平，使销售终端的外在形象得到切实提升，并确保经销商经济效益的提高，从而培植网络的发展后劲。

为了提高经销商的积极性，企业不但为经销商提供广告宣传支持、分销技能培训、销售人员培训、给经销商一定比例的返利等服务及优惠，而且还制订了一系列的激励措施，如参与维护营销网络、设定销售目标和奖励政策、参与市场反馈信息的分析、参与促销活动的策划、奖励业绩突出者；新款产品到货后主动与经销商取得联系，给优秀经销商以特别照顾，每年进行评选，进货量达到一定数目的经销商，将获得金猴集团的奖励等。同时，企业还非常重视对一线营销人员的激励。一线营销人员是营销一线的主要人才，留住优秀的一线营销人员就等于获得了更多的顾客。企业通过制订、实施一系列的激励制度，使得一线营销人员的工资待遇在同行中处于一种中高档水平，同时制订科学、公平的考核制度，给予上不封顶的奖金。其他激励机制还包括：每年进行几次大型聚会；员工生日时，企业还会赠送一个蛋糕，并以传真等形式表示祝贺；给每个一线营销人员购买了养老保险，等等。对于这一点，一位在金猴专卖店工作了 5 年的一线营销人员深有感触地说："我在金猴工作 5 年了，感觉同事都很亲切，和他们在一起工作和沟通没有空洞和虚假的东西，用当地话讲就是都很实在。正是这种实在，让我在专卖店一干就是 5 年。企业给了我发展的平台和空间，让我在这小小的岗位上也能体会到快乐和骄傲的激情，还学到不少东西。我真的很喜欢这里。"目前，企业的专卖店正在开展一项坚持了 5 年的促销活动，吸引了大量的老顾客光临，不但解决了库存压力，而且使得新款皮鞋畅销大卖。

【案例题解】

1. 金猴集团的渠道长度为（　　　）。

    A．3   B．4   C．1   D．2

题解：

"金猴"品牌现已成为一个在全球范围内拥有 50 多个一级分销商、1000 多个二级分销商、近 5000 个零售商的知名品牌，因此，其渠道长度为 3。

2．金猴集团的第二级渠道宽度为（　　　　）。

    A．50   B．1000   C．5000   D．20

题解：

因为"金猴"品牌在全球范围内现已拥有 1000 多个二级分销商，所以金猴集团公司的第二级渠道宽度为 1000。

3．金猴集团为经销商提供分销技能培训、销售人员培训等服务，这属于（　　　　）。

    A．渠道成员的功能调整   B．渠道成员的素质调整
    C．渠道成员的数量调整   D．个别分销渠道调整

题解：

① 渠道成员的功能调整是指重新分配分销渠道成员所应执行的功能。

② 渠道成员的素质调整是指提高分销渠道成员的素质与能力。

③ 渠道成员的数量调整是指增加或减少分销渠道成员的数量。

④ 个别分销渠道调整是指增加或减少某些分销渠道。

4．影响金猴集团公司的渠道长度和宽度选择的因素有哪些？

题解：

① 市场因素：潜在市场的大小、销售量的大小、消费者的地区分布等。

② 产品因素：产品价值高低、产品的物理化学性能、产品的体积与质量、产品的时尚性等。

③ 购买行为因素：顾客购买量、顾客购买季节性、顾客购买频度等。

④ 企业因素：企业的规模与资金实力、企业的营销水平与管理能力等。

5．结合案例分析，金猴集团在各阶段实施的分销渠道策略有哪些？

题解：

① "单一渠道，三线建设"：1990 年以前，金猴集团公司实行"单一渠道，三线建设"的渠道策略。

② "主动出击，遍地开花"：1990～1997 年，金猴集团公司实行"主动出击，遍地开花"的渠道策略。

③ "品牌经营，连锁专卖"：1997 年以后，金猴集团公司实行"品牌经营，连锁专卖"的渠道策略。

【案例练习】

1．至 2015 年年底，金猴集团已在全国设立 22 个办事处以及 2078 家连锁店、专卖店和店中店，这属于（　　　）策略。

    A．宽渠道   B．窄渠道   C．直接渠道   D．间接渠道

2．金猴集团的第三级渠道宽度为（　　　）。

    A．50   B．1000   C．5000   D．20

3. 结合案例分析，金猴集团之所以实行宽渠道，主要是受（　　）因素的影响。

    A．产品   B．购买行为   C．企业控制力   D．市场

4. 金猴集团对经销商的激励中，属于直接激励的有（　　）。

    A．设定销售目标和奖励政策   B．分销技能培训、销售人员培训

    C．帮助经销商维护营销网络   D．广告宣传支持、促销活动管理

5. 金猴集团应如何选择渠道成员？

6. 结合案例分析，金猴集团为提高经销商和营销人员的积极性，采取了哪些激励措施？

【综合训练】

广东千百度日化用品有限公司新开发了千百度洗发水，意欲迅速打开南方的农村城镇市场。为此，公司通过对南方农村和城镇市场的市场调研收集到的有效信息进行仔细分析后，聘请了一家专业营销策划公司为千百度洗发水制订了以下的营销渠道策略：

第一，把二级城市作为突破口。"千百度"洗发水要想占领尽可能大的市场，在没有大量资金投入作后盾的情况下，直接进入一级市场无疑收效甚微，而且一级市场有众多名牌产品，很容易形成对新产品的围攻。因此要先行进入二级市场，寻找县市级经销商。因为二级城市具有人口多、覆盖面广、周边辐射能力强等特点，是城市与农村的连接点，占有"近可攻城市，远可退农村"的地理优势，便于公司目标市场的开发。同时，一方面有利于厂家对营销网络的控制，能够迅速掌握市场情况，提高直面市场变化的应变能力；另一方面有助于提高产品知名度，迅速增强铺货范围，为占领市场做充分准备。

第二，经销商选择成长型代理公司。"千百度"洗发水属于新产品，市场基础薄弱，知名度较低，想要有效介入市场，需寻找到既接受自己（愿意经销），又能够提升自己（积极推广）的经销商。通过分析、比较成长型代理公司和成熟型代理公司的经营特点、经销心理可以发现，成长型代理公司更符合"千百度"洗发水的市场要求。成长型代理公司自身实力相对较弱，难以拿到知名产品的代理或经销权，但出于自身发展的需要，这类公司又需要借助品牌产品，伴随品牌产品的发展而实现自身的发展。因此，选择成长型代理公司，通过双方的努力，更容易实现双赢。

第三，零售点定位于中、小型商场及超市。零售网络是产品直接面对目标消费群的纽带，因此需要寻找到既符合产品的品牌形象、市场地位，又能让目标消费群体购买方便的销售点。根据对公司产品的特点、公司的实力以及中小型商场、超市的形态描绘和经营特点分析，中小型商场、超市是"千百度"洗发水销售点的良好选择。

第四，为了提高经销商的热情，公司推出一系列激励措施：分销技能培训；销售人员培训；设定销售目标、奖励政策（用合理的《产品招商手册》）；广告宣传支持（增强经销商信心）；售点广告支持（增强经销商信心）；参与市场反馈信息的分析（及时应对市场变化）；参与维护营销网络（掌握市场控制主动权，巩固市场销售基础）；参与促销活动的策划、奖励业绩突出者（鼓励经销积极性，提高销售热情）。

试根据案例资料回答以下问题：

1. 根据案例分析，千百度公司选择二级城市作为突破口，是受（　　）因素影响。

    A．市场   B．企业   C．中间商   D．产品

2. 根据案例分析，千百度公司选择成长型代理公司的原因包括（　　）。

    A．产品是新产品，知名度低   B．公司财务能力有限，控制力弱

C．成长型代理商进取心强，合作意愿强　　D．日用品需要宽分销渠道

3．日化用品产品属于非耐用品，其单价较低，容易消耗，消费者需经常购买，这类产品应采用（　　）。

  A．直接渠道策略　　　　　　　　　　B．间接渠道策略

  C．宽渠道策略　　　　　　　　　　　D．窄渠道策略

4．根据案例分析，千百度公司为经销商提供分销技能培训、销售人员培训，这属于（　　）。

  A．渠道成员的功能调整　　　　　　　B．渠道成员的素质调整

  C．渠道成员的数量调整　　　　　　　D．个别分销渠道调整

5．根据案例分析，在千百度公司对经销商的激励中，属于间接激励的有（　　）。

  A．分销技能培训、销售人员培训　　　B．设定销售目标、奖励政策

  C．广告支持、促销活动管理　　　　　D．帮助经销商维护客户网络

6．根据案例分析，千百度公司对经销商采取的直接与间接激励措施有哪些？

任务二　经销合作协议陈述训练

【实训例讲】

经销合作协议书

甲方：深圳市×××科技有限公司　　　　乙方：＿＿＿＿＿＿＿＿＿＿＿＿
地址：深圳市南山区金晖大厦　　　　　　地址：＿＿＿＿＿＿＿＿＿＿＿＿
电话：0755-26965191　传真：26965277　电话：＿＿＿＿＿＿　传真：＿＿＿＿＿＿

甲乙双方经友好协商，双方本着平等和互利互惠的原则，签订如下协议：

A：乙方代理的产品、区域、期限和权限

① 甲方授权乙方为"安家宝"系列安防产品的代理商。

② 乙方代理销售的区域为：＿＿＿＿＿＿＿。

③ 乙方代理销售的期限为1年：从合同签订到＿＿＿年＿＿月＿＿日止。

④ 乙方有权使用"安家宝"系列安防产品代理商的名义从事各种合法商业活动。

B：甲方责任

① 甲方提供合格的"安家宝"防盗报警系统产品给乙方经销，并提供一切产品市场准入手续给乙方。

② 甲方保证乙方货款到甲方账上3个工作日内发出货品（500套以上提前一周订货），并保证产品长期供应，如货品紧缺，应及时通知乙方。

③ 甲方应保证其产品质量符合相应的国际、国内或甲方标准，努力增加产品种类并使之系列化，并应尽量满足乙方订货需要。

④ 甲方应根据自身产品成本及市场情况及时提高产品质量及性价比，向乙方提供优质、经济的产品。

⑤ 甲方应保证向乙方提供技术支持，协助培训乙方的市场人员和技术人员。

⑥ 甲方应协助乙方推广市场，并根据当地市场情况提供必要的宣传支持。

⑦ 甲方应努力做好产品售后服务工作。

⑧ 甲方及时向乙方提供乙方销售区域的终端意向客户咨询、询价等重要信息。

⑨ 甲方应严格控制跨区域窜货，并坚决维护代理商利益。

C：乙方责任

① 乙方应积极开拓甲方产品在当地的市场，提高甲方产品在该地区的市场占有率。

② 乙方未经甲方允许不得超出协议约定之经营范围。乙方在甲方没有设立经销商的地区销售产品需经甲方书面同意。

③ 乙方需要遵守甲方提供的价格体系，如有价格变动，需与甲方协调并经甲方书面同意后才能生效。

④ 乙方在经销区域内负责本产品售前、售中服务和一定的售后服务。

⑤ 乙方需及时将当地市场信息反馈给甲方，以便双方协作做好当地市场。

D：经营指标

① 乙方取得甲方代理权的首批进货为：_____万元。

② 乙方从取得产品样品到____年__月__日（该时段为市场保护期）的累计进货额不得低于_____万元，否则甲方有权取缔乙方在该区域独家总代理的资格。

③ 乙方在市场保护期后，当1个月的订货额少于_____万元而且同时在3个月内的订货总量低于_____万元时，甲方有权取缔乙方在该区域独家总代理的资格。

E：产品返利、公司支持及优惠政策

① 乙方可以在甲方新产品发布之日起1个月内，以优惠价格（代理价的70%）一次性购买每种款式不超过1台、总金额不超过1万元的新产品。已经代理的产品达不到甲方规定最低销售金额额度的，不享受此项待遇。

② 乙方累积销售完成20万元返利2%、50万元返利4%、100万元返利6%作为销售奖励，以返产品方式作为奖励。

③ 乙方提货量达3万元以上甲方免费提供1个展架。

④ 甲方对每套产品配送宣传彩页20张。

⑤ 乙方可以优惠购买甲方的宣传彩页（成本价的40%）。

⑥ 甲方将承担乙方所做广告25%的费用，但总额不超过乙方进货额的5%。

F：保修、退货、换货政策

如经销商不想再经营甲方的产品，可提前一周向公司提交申请报告，在产品无使用、包装无损坏、配件无丢失的情况下，可享受以下退货政策：

① 提货3个月以上半年以下的可退回货款的60%。

② 提货半年以上的可退回货款的40%，1年以上的不能退货。

③ 甲方对长期合作的产品实行3个月内包换，3年保修，长年维护（不包括人为损坏、

私自拆装、外观损伤、附件不全），3 年保修期过后只收取零件费的政策。产品封条一旦破损，则认定为人为损坏。经销商保修期从甲方所开销售票据之日起计算，客户保修期从经销商所开销售票据之日起计算，若属托运过程中出现的质量问题，则应由甲方负责。

④ 乙方在产品销售不利的情况下可申请换货（更换不同型号主机或配件），换货期限为甲方所开销售票据之日起的 3 个月内。

G：货运及付款

① 乙方在进货时，需先付货款，运费由乙方承担。

② 货款由乙方汇到甲方指定的账户，不得将货款汇到业务员账上或将现金交给业务员，否则甲方有权拒绝发货，并对由此引起的责任概不负责。

③ 货到乙方指定的地点后，乙方负责验收。乙方在指定地点提货时，须当场验收合格后再提货。

H：其他事项

① 双方须严格执行本协议条款，如果单方违约，则给对方造成的损失由违约方承担。

② 发生协议执行纠纷时，应双方协商解决，如协商不成，则由甲方所在地合同仲裁机构或者人民法院依法裁决执行。

③ 本合约一式两份，双方各执一份，具有同等法律效力（合约传真件有效）。

④ 合约期满后乙方有优先续约的权利。

⑤ 若合约签订的一周内乙方未能支付全部首批订货款项，则本合约自动失效。

甲方：深圳市×××科技有限公司　　　　　　乙方：
代表签字：　　　　　　　　　　　　　　　　代表签字：
　　年　月　日　　　　　　　　　　　　　　　年　月　日

【实训目的】

① 能搜寻到一张完整的经销合作协议书。

② 能清晰表达出该经销合作协议书的内容。

③ 能总结归纳出该经销合作协议书的特色或特点。

④ 能简要说出选择该经销合作协议书的理由。

【实训组织】

① 布置任务：将教学班学生按每组 6～8 人的标准划分成若干任务小组，每个小组成员搜寻一份经销合作协议书。

② 搜索选择：各小组成员总结归纳自己所搜寻到的经销合作协议书的特点，列明选择该经销合作协议书的理由，之后形成经销合作协议书课堂实训报告，报告格式如图 7-3 所示。

③ 课堂陈述：各任务小组成员上交经销合作协议书课堂实训报告，由指导教师从每组中选择一份具有代表性的经销合作协议书实训报告，并邀请其小组代表上台陈述。

④ 评价效果：各小组代表陈述后，指导教师点评该次经销合作协议书实训的情况，并由全班同学不记名投票，评选出该次课堂实训的获奖小组，给予表扬与奖励。

经销合作协议书课堂实训报告

第___7___次实训

班级_____ 学号_____ 姓名_____ 实训评分_____

实训时间_____ 实训名称 经销合作协议书课堂实训

一、经销合作协议书的内容

二、经销合作协议书的特点

三、选择该合作协议书的理由

四、实训心得体会

五、实训评价（指导教师填写）

图7-3　经销合作协议书课堂实训报告格式

任务三　经销合作协议书写作技能训练

【实训背景】

江西泉美矿泉饮品有限公司拟通过经销商承销方式开拓省会城市——南昌市场。公司需要在南昌市场寻求一个经销合作伙伴，作为泉美牌矿泉水和矿泉茶饮品的总经销商。很快，南昌市饮料公司应征合作。为明确公司与总经销商的权利与义务，切实保障各自的权益，双方签订了一份经销合作协议书，合作期限暂定为1年（自2008年1月1日到2008年12月31日）。协议约定，若合作成功，双方将续签两年。

试根据以上背景资料，为江西泉美矿泉饮品有限公司制订一份经销合作协议书。

【实训目的】

① 能认识并实现组织分工与团队合作。
② 能撰写出符合格式要求的经销合作协议书。
③ 能整理总结出经销合作协议书写作课题分析报告。
④ 能清晰地口头表达出经销合作协议书写作实训心得。

【实训组织】

① 组建实训课题小组：将教学班学生按每组6~8人的标准划分成若干课题小组，每个小组指定或推选出一名小组长。

② 确定实训小组课题：每个小组根据经销合作协议书写作背景资料的要求，完成一份经销合作协议书的写作。

③ 实施写作课题研究：各小组长根据经销合作协议书的写作计划调配资源，明确各组员的任务，并督促大家有效地完成任务，包括经销合作协议书的草拟、修改和定稿，经销合作协议书写作课题分析报告的撰写、打印，以及小组的发言等。

④ 撰写实训课题报告：每个小组完成一份经销合作协议书写作的课题分析报告。报告格式如图 7-4 所示。

⑤ 陈述写作实训心得：由各小组推荐的发言人或小组长代表本小组陈述本小组实训课题分析报告和实训心得。

经销合作协议书写作实训报告

第 ___7___ 次实训

班级_____ 学号_____ 姓名_____ 实训评分_____

实训时间_____ 实训名称 _经销合作协议书写作实训_

一、实训案例背景

二、实训目标要求

三、实训操作内容

四、实训心得体会

五、实训评价（指导教师填写）

图 7-4　经销合作协议书写作实训报告格式

岗位工具模板

1. 营销渠道开发进度表模板

营销渠道开发进度表模板见表 7-1。

表 7-1　营销渠道开发进度表模板

序　号	开发步骤	进度日期
1	查找新客户资料	
2	取得联系并初步电话联系	
3	初步拜访	
4	产生意向	
5	报价	
6	渠道主管审核	
7	渠道经理审核	
8	进行具体沟通	
9	签订合同	

2．渠道成员注册登记表模板

渠道成员注册登记表模板见表 7-2。

表 7-2　渠道成员注册登记表模板

经销商编号：　　　　　　　　　　　　　　　　　　　　　　归档编号：

基本资料	企业全称			成立时间			
	营业地址			联系电话			
	电子邮件			传真			
资信情况	主管部门		税号		经营性质		固定资金	
	开户行		账号		注册资金		流动资金	
人员情况	公司法人		性别		身份证号		联系电话	
	总经理		性别		身份证号		联系电话	
	主要联系人		性别		身份证号		联系电话	
	公司总人数			管理人员		技术人员		
	销售人员			服务人员		其他人员		
	主营产品占营业额比重			经营方式（批发零售）		店面数		
	主要客户群			主要销售区域				

3．渠道关系加强对策表模板

渠道关系加强对策表模板见表 7-3。

表 7-3　渠道关系加强对策表模板

客户信息	推动的影响力	同竞争对手间的关系	本公司负责人员	强化对策	时　间　表	备　注
总经理						
相关负责人						
销售经理						
渠道经理						
…						

4．部门业绩目标管理表模板

部门业绩目标管理表模板见表 7-4。

表 7-4　部门业绩目标管理表模板

项　　目	部 门 1	部 门 2	部 门 3	部 门 4
目标额				
实绩额				
收款额				
排名				

5．业务员业绩目标管理表模板

业务员业绩目标管理表模板见表 7-5。

表 7-5　业务员业绩目标管理表模板

项	目	目 标	实 绩	说 明
营业额 回收货款	每日平均接受订货量			
	营业额			
	利润率			
	回收货款率			
	新产品（重点产品）营业额			
顾客管理	每日平均访问客户数量			
	总访问次数（每月）			
	每一客户平均访问时间			
	每一客户平均访问次数			
	负责客户数			
	每一客户平均营业额			
开发新客户	访问客户数			
	访问次数			
	契约成立数量			
	每一客户平均营业额			
情报管理	竞争对手动向报告			

6．经销商业绩目标管理表模板

经销商业绩目标管理表模板见表 7-6。

表 7-6　经销商业绩目标管理表模板

地 区	经销商名称	组 别	目 标 额	实 绩	评 核	原 因
			S			

7．区域销售目标管理表模板

区域销售目标管理表模板见表 7-7。

表 7-7　区域销售目标管理表模板

产品类别	内 销			外 销	合 计
	区 域 1	区 域 2	区 域 3		
产品甲					
产品乙					
产品丙					
合 计					

8. 产品销售目标管理表模板

产品销售目标管理表模板见表 7-8。

表 7-8　产品销售目标管理表模板

销 售 区 域	内　销	外　销	合　计
区域 1			
区域 2			
区域 3			
合　计			

第 8 章　促销策略实训

8

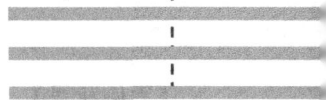

岗位工作认识

一、岗位技能要求

1. 能理解和运用促销组合方法。
2. 能设计出推销人员的报酬制度。
3. 能掌握广告语创意实训报告的写作方法。

二、岗位工作描述

促销策略岗位工作描述如图8-1所示。

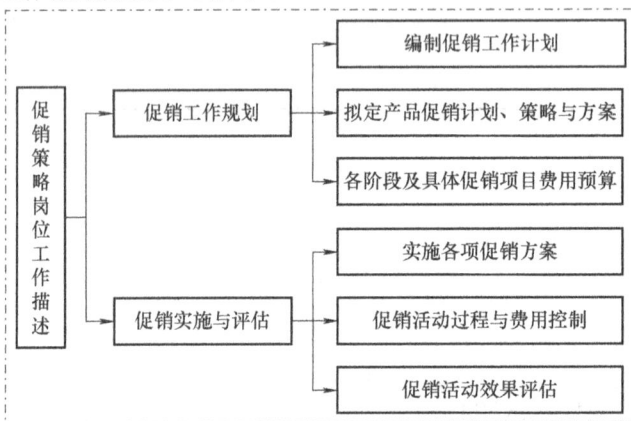

图8-1　促销策略岗位工作描述

三、岗位工作流程

促销策略岗位工作流程如图8-2所示。

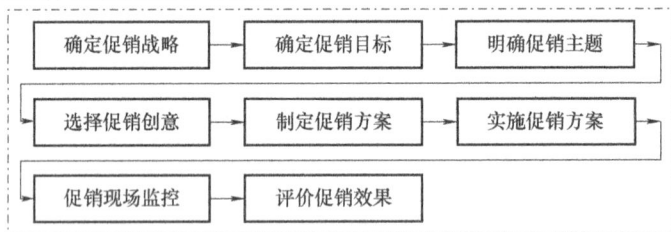

图8-2　促销策略岗位工作流程

岗位技能训练

任务一　促销策略案例分析

【案例背景】

在实施名牌战略的过程中，金猴集团有一个很深的体会——一个品牌要想成为名牌，必须具备 3 个基本条件：一要有优质产品作载体；二要有优秀商标来冠名；三要用宣传来转化品牌形象。众所周知，1980 年以前，金猴集团公司使用的是"金乌"商标，由于该商标缺乏鲜明的特色，长期得不到消费者的认同。后来，金猴集团发现有关中国古典名著《西游记》的小人书和影视剧正风靡全国，其中机智多谋的孙悟空形象颇受人们喜爱。于是，金猴集团毅然舍弃原有的"金乌"商标，以手执金箍棒、抬手遮日、放眼远眺、迈步欲行的孙悟空形象为图案，并配以汉字"金猴"和汉语拼音"JINHOU"进行商标注册。注册后的商标不仅图形简单明快、一目了然，且文字通俗易记、朗朗上口、听来悦耳。而且孙悟空七十二变、神通广大的形象与消费者崇尚吉祥如意的心理相吻合，使消费者在购买产品的同时也得到了一种额外的精神享受。

一、品牌宣传，树立形象

名字并不是名牌。名字不仅要好听，还要叫得响。"金猴"如何亮相？金猴集团决定借"名"扬名。金猴集团知道，为品牌扬名的方法很多，但最主要的方法有两种：一是以"实"扬名，就是凭借实实在在的高质量，让消费者在购买产品后一传十、十传百，使产品和品牌声名远扬；二是借"名"扬名，就是利用人们"爱屋及乌"的心理，千方百计地让自己的产品和品牌与名人、名地、名事相关联，使产品和品牌跟着名人"名"起来。由于金猴集团历史悠久，质量过硬，以"实"扬名自然而然，所以借"名"扬名就成为金猴集团叫响品牌的工作重点。1995 年，鉴于企业资金实力日益雄厚，且"金猴"商标中的美猴王形象与扮演美猴王的著名演员六小龄童有着一定的关联，于是金猴集团公司决定请六小龄童在中央电视台为"金猴"皮鞋做广告，结果一炮打响、收效甚好。一时间，"穿金猴皮鞋，走金光大道"的广告语传遍大江南北。"金猴"皮鞋随之映入消费者的视野，"金猴"品牌也随之在消费者中树立起了良好的品牌形象。

配合影视广告的成功，向来"只顾低头干活，不知抬头吆喝"的金猴集团公司开始精心策划，全面出击，充分利用路牌、包装物、报刊、杂志、电台、车体和灯箱等各种媒体进行品牌宣传，不仅在山东，还在全国市场构筑起立体的广告宣传网络，使"穿金猴皮鞋，走金光大道"的广告语及品牌形象"无处不见、无时不有"。与此同时，金猴集团公司逐步把广告宣传内容从单一的皮鞋扩展到皮包、服装，从产品扩展到企业形象，并把影视广告的范围从中央电视台扩展到各省市电视台，从而大大提高了产品和品牌的声誉，真正在全国叫响了"金猴"品牌。1997 年"五一"前夕，金猴集团投资 145 万元，在威海最繁华的地段建起一座 560m^2 的巨型喷绘广告，每当夜幕降临，光芒四射的"金猴"呼之欲出，成为威海的一大夜景，吸引着南来北往的人们。此外，金猴集团充分利用企业自有的宣传媒体，在车体、建筑物、灯箱、名片、信笺、信封、工作服等方面统一使用品牌标识。

金猴集团还在全国范围内开展"我与金猴的故事"的征文活动，并在互联网上开展"我为金猴献一言"的征文活动。这些活动都设置了金额不等的奖项，以提高消费者的参与程度。

积极参与社会公益慈善事业，是金猴集团公司一贯的传统。从集团公司到各子公司、营销分公司，大家都在行动。就连一线的品牌经销商也在默默地为社会尽一份责任。从 2000 年起，金猴集团发起了向希望工程捐献巨资及一系列热心公益事业的活动，倡导万名员工一起结对子帮扶全国 2000 名贫困失学儿童，让爱心和奉献成为企业文化的重要内涵。通过这些举措，金猴集团在 5000 多家网络终端的知名度和美誉度得到很好的提升，金猴品牌的形象深入人心，品牌已成为金猴集团的一大核心竞争力。

强大的广告公关宣传收到了立竿见影的效果，"金猴"品牌随着广告和风细雨般地走进了千家万户，为男女老少所耳熟能详。在《参考消息》编辑部多次主办的"产品知名度""你拥有的品牌"和"你最喜爱的品牌"这 3 项调查活动中，"金猴"皮鞋始终名列前茅，牢牢地在消费者心目中占据了一席之地。2002 年，在中国商业联合会、中华全国商业信息中心发布的国内零售业经营销售情况及消费品市场主要商品销售品牌监测结果中，"金猴"皮鞋名列皮鞋产品第三名，综合市场占有率达到 5.66%。

二、走进高校，实现双赢

1999 年，金猴集团走进高等学府的大门，与陕西科技大学（原西北轻工业学院）达成协议，由金猴集团每年出资 20 万元，在陕西科技大学设立"金猴教育基金"和"金猴奖学金"。自 1999 年起，金猴集团董事长每年亲自到陕西科技大学参加金猴教育基金和金猴奖学金颁奖活动，为获奖的教师与学生颁奖。陕西科技大学把金猴集团作为实习基地，并由双方共同组建起技术创新专家委员会，通过把对方的人才和理论优势同金猴集团的设备、环境优势相结合，综合运用力学、美学、人体结构学以及其他相关科学，紧紧围绕"研究制鞋新技术，开发制鞋新材料，设计制鞋新榼型，挖掘制鞋新功能"等技术课题，共同开展攻关研究。与此同时，金猴集团还向国际制鞋最高技术看齐，主动与意大利的几家国际知名制鞋企业和制鞋科研机构取得联系，通过邀请互访和定期召开经验交流与技术研讨会等方式，及时获取国际市场最新的技术信息，不断向他们学习先进的设计方法和高超的工艺技术，从而开阔了视野、增长了见识、激发了灵感、提高了技术创新能力、加快了产品开发步伐，使得新产品开发连续多年突破千种大关。如今，金猴集团的流水线上平均每天都有一个新产品投产问世。

三、营业推广，促进销售

自 1999 年"金猴"品牌被国家工商局认定为"中国驰名商标"开始，为推进金猴产品的销售以及提升金猴产品的市场地位，金猴集团公司开展了一系列针对经销商和消费者的促销活动。2005 年，金猴集团与经销商签订合作协议，承诺为经销商培训销售人员，开通 800 免费服务热线，保证 1 年内在国内相关电视台投放不低于 2000 万元的广告，另外，若经销商年销售额达到 500 万元，公司将给予 5%的返利；若达到 1000 万元，公司将给予 8%的返利。为加快信息化管理实施步伐，公司斥资 1000 万元为经销商购置信息化所需设备，并协助经销商尽快安装调试设备及信息系统，以尽快实现经销商与公司的信息互联。通过这些方式极大地提高了经销商的积极性。针对企业和经销商的销售人员也制订了相应的激励措施，金猴集团规定，每年将对销售人员全年的销售额进行统计排序，获得前三名的销售人员将得到丰厚的奖励，其中第一名将获得公司提供的免费东南亚 10 日游（价值 15000 元），第二名可以获得笔记本式计算机一台（价值 10000 元），第三名可以获得手机一部（价值 5000 元）；另外，每个销售人员可以分得其销售额 0.5%的销售红利。在全国金猴产品连锁店和经销店，针对消费者实行个人顾客购买签名制度，顾客在任何连锁店和经销店里购买金猴皮鞋，销售人员都会主动请求顾客在"顾客签名册"上留下自己的姓名、身份证号码、联系地址、联系电话等信息。企业把收集到的资料全部存入计算机网络，由计算机自动累计该顾客的购买量。对于累计购买金猴皮鞋 10 双以上的顾客，销售人员将会在他下次购买金猴皮鞋时赠送一份纪念礼品和一张金猴会员卡——持有金猴会员卡的顾客购买金猴皮鞋可得到 9.5 折优惠。当顾客个人累计购买金猴皮鞋达到 50 双时，销售人员将给顾客更换金猴贵宾卡，同时赠予其"忠诚顾客"证书。持有金猴贵宾卡的顾客在购买金猴皮鞋时可享受 9 折优惠。

四、假日促销、提高份额

为了进一步开拓市场，金猴集团利用国庆节长假开展促销活动，具体安排如下：

① 开新店。10 月 1 日，金猴集团在北京的西单、王府井、望京等地同时新开 6 家专卖店，并在各大报纸上发布开业大酬宾广告。

② 活动期内所有商品实行 9～9.5 折的优惠，若顾客持有刊登酬宾广告的报纸，则可在打折基础上再享受 9.5 折的优惠。

③ 寒冷的冬季即将到来，购买一双保暖纳米功能鞋，可获赠一双价值 68 元的普通皮鞋。

④ 开展销售竞赛。对在活动期间实名推荐 5 名以上新顾客的顾客，发放价值相当于所推荐顾客购物总额 10%的购物优惠券。

⑤ 组织志愿者在各个高校、居民区举行募捐活动，为贫困地区捐助物品。金猴集团向我国西部某地区中学捐赠 4000 双金猴运动鞋，同时发布记者招待会，在各大媒体上进行报道。

五、热心公益、奉献社会

公益事业的发展是社会进步的标志。作为社会的一个经济组织、威海的重点骨干企业，金猴集团把公益事业作为回报社会的重要途径。2003 年，威海建残疾人康复中心，公司捐款 30 万元。同年，威海世昌大道改建绿化，公司捐款 40 万元。2004 年，威海举办第八界亚洲科学园年会，公司赞助 5 万元现金及 5 万元产品。同年威海成立"警察救助基金"，公司捐款 5 万元。2005 年，威海成立"见义勇为基金会"，公司捐款 5 万元。2006 年，威海实施"村村通自来水"工程，公司捐款 20 万元帮助岭后村村民喝上甘甜的自来水。2007 年，金猴集团积极响应上级号召，捐款 10 万元重点帮扶东涝台小学、后峰西小学（帮扶 3 年）；认捐慈善基金 3000 万元，有效期 10 年，每年上缴慈善基金利息 210 万元。2008 年，汶川发生特大地震，公司一方面发动职工捐款，另一方面安排企业捐助，第二天就将价值 40 万元的物资送到慈善总会，在其后几天内又将 100 万元现金和价值 189.2 万元的物资通过慈善总会送到灾区人民的手中。

这些活动的开展均是金猴集团热心公益、奉献社会的见证。金猴集团 1999 年生产皮鞋 461 万双，完成销售收入 52167 万元，实现利税 8204 万元，在全国同行业分别列第 2 位、第 3 位、第 3 位；2000 年生产皮鞋 501 万双，完成销售收入 68316 万元，实现利税 10079 万元，在全国同行业分别列第 5 位、第 2 位、第 4 位；2001 年生产皮鞋 610 万双，完成销售收入 91600 万元，实现利税 13583 万元，在全国同行业分别列第 5 位、第 2 位、第 3 位；2004 年生产皮鞋 1126 万双，实现销售收入 213659 万元；2012 年生产皮鞋 1600 万双，收入近 100 亿元，生产规模在全国同行业名列第二。

【案例题解】

1. 结合案例分析，金猴集团利用国庆节长假开展的促销活动运用了（   ）等营业推广手段。

    A. 打折   B. 广告   C. 销售竞赛   D. 赠品

题解：

金猴集团利用国庆节长假开展的促销活动运用了打折、销售竞赛、赠品等营业推广手段。

2. 结合案例分析，金猴集团利用国庆节长假开展的促销活动中属于公共关系手段的有（   ）。

    A. 开业典礼媒体报道   B. 销售竞赛

C．募捐活动记者招待会　　　　　　　　D．捐赠运动鞋

题解：

金猴集团利用国庆节长假开展的促销活动中属于公共关系手段的有开业典礼媒体报道、募捐活动记者招待会、捐赠运动鞋。

3．结合案例分析，金猴集团利用国庆节长假开展的募捐活动能够影响到的人群包括（　　）。

A．志愿者本身　　　　　　　　　　　B．受捐地区的居民

C．高校和居民区的居民　　　　　　　D．看到新闻报道的大众

题解：

金猴集团利用国庆节长假开展的募捐活动能够影响到的人群包括志愿者本身、受捐地区的居民、高校和居民区的居民以及看到新闻报道的大众。

4．结合案例分析，金猴集团采取的针对经销商的促销方式有哪些？

题解：

① 为经销商培训销售人员。

② 开通 800 免费服务热线。

③ 1 年内保证在国内相关电视台投放不低于 2000 万元的广告。

④ 给予一定比例的返利。

⑤ 协助经销商尽快安装调试设备及信息系统。

5．结合案例分析，公司采取的针对销售人员的激励方式有哪些？

题解：

① 开展销售竞赛：公司规定，每年将对销售人员全年的销售额进行统计排序。

② 销售红利：每个销售人员可以分得其销售额的 0.5% 的销售红利。

③ 特别推销奖金：获得销售前三名的销售人员将得到丰厚的奖励。

④ 免费旅游奖励：第一名将获得公司提供的免费东南亚 10 日游（价值 15000 元）。

6．结合案例分析，公司采取的针对消费者的促销方式有哪些？

题解：

① 派发纪念礼品、金猴会员卡和贵宾卡。

② 给予一定比例折扣优惠。

③ 赠予"忠诚顾客"证书。

【案例练习】

1．结合案例分析，营业推广的特征有（　　）。

A．非连续性　　　B．形式多样　　　C．即期效应　　　D．间接效应

2．结合案例分析，"穿金猴皮鞋，走金光大道"的广告属于（　　）。

A．提示性广告　　B．通知性广告　　C．劝说性广告　　D．选择性广告

3．结合案例分析，金猴集团利用国庆节长假开展的促销活动在报纸上刊发的开业大酬宾广告同时具有（　　）功能。

A．优惠券　　　　B．赠品　　　　　C．惠顾回报　　　D．抽奖券

4．结合案例分析，金猴集团利用国庆节长假开展的促销活动期间没有采用的促销手段

是（　　）。

　　　　A．广告　　　　　　B．营业推广　　　　C．人员推销　　　　D．公共关系

　　5．金猴集团利用国庆节长假开展的促销活动取得了很大的成功，试问，促销对金猴集团主要有哪些作用？

　　6．参照案例中利用国庆节长假开展促销活动的方案，试为金猴集团制订一个"春节"促销活动方案。

【综合训练】

一、广告策略

　　现在农村的很多地区都已经架设了电视接收网络，且大多数农村家庭都已拥有并喜欢观看电视。广东千百度日化用品公司通过调查发现，农村家庭大多喜欢观看当地县市的电视台，于是决定选择当地县市电视台进行广告宣传，并选择在热播的电视剧中插播广告。随着公司产品广告的播出，认识千百度产品的农村消费者有了大幅增加，千百度公司的产品在农村市场树立起了一定的形象。

　　虽然大部分消费者都接触到了千百度公司产品的广告，但农村消费者并没有因此而争相购买千百度产品。经市场调查发现，农村消费者受电视广告影响较城市消费者小得多，他们更倾向于"眼见为实"——产品试用质量好，或产品当场演示试验效果好，且价格适中或较便宜，这些方面对他们的购买影响更大。

二、营业推广策略

　　鉴于农村消费者更倾向于"眼见为实"的特点，广东千百度公司对营业推广活动的投入更甚过广告。这样既能树立企业产品形象，又能促进产品销售。营业推广活动的开展一般有：

　　① 利用广告伞，现场 POP（彩旗、气球、横幅）等展示千百度公司的产品形象。

　　② 大屏幕电视反复播放千百度产品的广告，配合主持人的介绍，把广告做到消费者的面前，强化广告效果。

　　③ 由演示讲解员当场试验，以证实千百度产品的不凡功效。

　　④ 当场赠送千百度、千千秀、千千净、千日香等小包装产品，吸引消费者关注。

　　⑤ 现场提问，答对者可奖励千百度公司系列产品的样品，吸引消费者参与。

　　⑥ 现场销售。活动期间所有产品实行累计折扣方式销售，购买单瓶洗发水 9 折优惠，购买两瓶的则可享受 8.5 折优惠，购买 3 瓶以上的则可享受 8 折优惠，同时赠送千千净牌洗衣粉 1 包。

　　⑦ 现场大抽奖。购买任何千百度产品都可获得一张奖券，把奖券存根撕下放入抽奖箱，现场销售结束，立即举行抽奖活动，邀请观众上台按比例抽奖，先三等奖，再二等奖，后一等奖，开奖之后，当即颁奖。

三、公共关系策略

　　广大农村中小学校的教学环境与设施设备相对比较落后，为了有效帮助他们，公司每年拿出 10% 的盈利捐赠给各县教育局，作为贫困学校的专项建设基金。同时，千百度公司还投入很大精力关注贫困的农村学生，到目前为止，公司已与全国各地近 200 名贫困学生结对子，负担他们每年的学费，以让他们能安心学习。

　　试根据案例完成以下问题：

　　1．结合案例分析，促销的本质是（　　　　）。

  A．推销　　　　　　B．沟通市场信息　　C．树立企业形象　D．提高市场份额

2．结合案例分析，千百度公司采取的促销策略有（　　　）。

  A．广告策略　　　　　B．人员推销策略　　　C．营业推广策略　D．公共关系策略

3．结合案例分析，千百度公司营业推广活动针对消费者采取的策略有（　　　）。

  A．示范表演　　　　　B．样品赠送　　　　　C．现金折扣　　　　D．连带促销

4．结合案例分析，千百度公司是如何开展营业推广活动的？

5．试为千百度公司制订一个五一劳动节假日促销活动方案。

任务二　广告语创意陈述训练

【实训例讲】

1．海尔广告语

"海尔，中国造"

海尔在中国家电工业走向成熟的时候，果断地打出"中国造"的旗号，增强了民族自豪感。就广告语本身而言，妙就妙在一个"造"上，简洁有力，底气十足。

2．长虹广告语

"以产业报国、以民族昌盛为己任"

作为民族工业的一面旗帜，长虹在中国彩电工业逐渐走向成熟的时候，承担起民族昌盛的责任，是何等的勇气和魄力。这句广告语堪称长虹的企业精神。

3．中国联通广告语

"情系中国结，联通四海心"

联通的标志是一个中国结的形象，本身就充满了亲和力。联通把自己的标志和品牌名称自然地融入广告语中，从外表到精神做到了和谐统一，充分反映了企业的精神理念。

4．飞亚达广告语

"一旦拥有，别无所求"

当人们的生活品质达到一定高度后，手表就不再是看时间这么单一的用途了。飞亚达用高贵的品质，把产品与身份联系起来，使人们戴上飞亚达手表后，更多的感受是不凡的气质和唯我独享的尊崇。

5．百事可乐广告语

"新一代的选择"

在与可口可乐的竞争中，百事可乐终于找到突破口，它们从年轻人身上发现市场，把自己定位为"新生代的可乐"，邀请新生代喜欢的超级明星作为品牌代言人，终于赢得了青年人的青睐。一句广告语明确地传达了品牌的定位，开辟了一个市场。

6．中国人寿广告语

"相知多年，值得托付"

"相知多年，值得托付"，一句承诺打动亿万人的心，很好地表现了中国人寿的文化底蕴和亲和力。它既保持了中国人寿固有的"有实力的、中国的、值得信赖的"元素，又赋予了中国人寿更具亲和力、人性化、高品质等特质。

【实训目的】

① 能搜寻到一条完整的有创意的广告语。

② 能清晰表达出该产品广告语的内容。

③ 能总结归纳出该产品广告语的特色或特点。

④ 能简要说出选择该产品广告语的理由。

【实训组织】

① 布置任务：将教学班学生按每组 6～8 人的标准划分成若干任务小组，每个小组成员搜寻一条产品广告语。

② 搜索选择：各小组成员总结归纳自己所搜寻到的产品广告语的特点，列明选择该产品广告语的理由，之后形成产品广告语课堂实训报告，报告格式如图 8-3 所示。

③ 课堂陈述：各任务小组成员上交产品广告语课堂实训报告，由指导教师从每组中选择一份具有代表性的产品广告语实训报告，并邀请其小组代表上台陈述。

④ 评价效果：各小组代表陈述后，指导教师点评该次产品广告语实训的情况，并由全班同学不记名投票，评选出该次课堂实训的获奖小组，给予表扬与奖励。

产品广告语课堂实训报告

第 __8__ 次实训

班级_____ 学号_____ 姓名_____ 实训评分_____

实训时间_____ 实训名称 _产品广告语课堂实训_

一、产品广告语的内容

二、产品广告语的特点

三、选择该广告语的理由

四、实训心得体会

五、实训评价（指导教师填写）

图 8-3　产品广告语课堂实训报告格式

任务三　产品广告语写作技能训练

【实训背景】

江西泉美矿泉饮品公司是一家民营企业，主要生产深层矿泉水和矿泉茶饮品，其产品在赣州地区市场有一定的知名度。为有效地开拓整个江西市场，同时有效地树立企业及其产品的形象，公司决定向全体员工征集一则既能体现企业产品的特点，又能体现公司"团结奋进、积极向上、顾客至上"经营宗旨的有创意的广告语，并要求字数限制在 20 个字以内。

若你是公司的一名员工，请为泉美公司写一则有创意的广告语，并详细地写出创意思路及其寓意。

【实训目的】

① 能认识并实现组织分工与团队合作。

② 能撰写出符合创意要求的产品广告语。

③ 能整理总结出产品广告语写作课题分析报告。

④ 能清晰地口头表达出产品广告语写作实训心得。

【实训组织】

① 组建实训课题小组：将教学班学生按每组6～8人的标准划分成若干课题小组，每个小组指定或推选出一名小组长。

② 确定实训小组课题：每个小组根据产品广告语写作背景资料的要求，完成一条产品广告语的写作。

③ 实施写作课题研究：各小组长根据产品广告语的写作计划调配资源，明确各组员的任务，并督促大家有效地完成任务，包括产品广告语写作的草拟、修改和定稿，产品广告语写作课题分析报告的撰写、打印，以及小组的发言等。

④ 撰写实训课题报告：每个小组完成一条产品广告语写作的课题分析报告。报告格式如图8-4所示。

⑤ 陈述写作实训心得：由各个小组推荐的发言人或小组长陈述本小组的实训课题分析报告和实训心得。

产品广告语写作实训报告

第 __8__ 次实训

班级_____ 学号_____ 姓名_____ 实训评分_____

实训时间_____ 实训名称 _产品广告语写作实训_

一、实训案例背景

二、实训目标要求

三、实训操作内容

四、实训心得体会

五、实训评价（指导教师填写）

图8-4 产品广告语写作实训报告格式

岗位工具模板

1. 促销活动计划表模板

促销活动计划表模板见表8-1。

表 8-1　促销活动计划表模板

促销编号	促销产品	促销方式	促销时间		促销主管	促销事项	预计营业额	预期效果	备　注
			开始	结束					

2．促销活动申请表模板

促销活动申请表模板见表 8-2。

表 8-2　促销活动申请表模板

	申请人	
	背景分析及促销事由	
	促销地点、促销人员及数量	
费用	经费	
	工资	
	奖金	
	补助	
	预计销售额	
	审核意见	

3．促销活动成本分析表模板

促销活动成本分析表模板见表 8-3。

表 8-3　促销活动成本分析表模板

序　号	分析项目	分析内容
1	促销方式	
2	方式说明	
3	促销期间	
4	估计总费用	
5	成本收益分析	
6	效益评价	

4．促销活动总结表模板

促销活动总结表模板见表 8-4。

表 8-4　促销活动总结表模板

活动主题				活动内容	
活动日期				活动地点	
促销活动的分析	活动主题	对活动主题的评价			
		原因分析			
		改进意见			
	活动形式	对活动形式的评价			
		原因分析			
		改进意见			
	活动时机	对活动时机的评价			
		原因分析			
		改进意见			
	活动地点	对活动地点的评价			
		原因分析			
		改进意见			
	人员表现	对人员表现的评价			
		原因分析			
		改进意见			
	准备工作	对准备工作的评价			
		原因分析			
		改进意见			
	执行过程	对执行过程的评价			
		原因分析			
		改进意见			
	资金使用	对资金使用的评价			
		原因分析			
		改进意见			
活动效果的总体评价					

第9章 服务营销策略实训

9

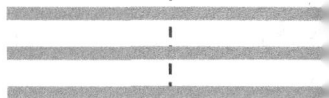

岗位工作认识

一、岗位技能要求

1. 能理解和运用服务质量差距进行分析与改进。
2. 能理解和运用服务营销的策略和方法。
3. 能掌握产品"三包"协议书实训报告的写作方法。

二、岗位工作描述

服务营销岗位工作描述如图 9-1 所示。

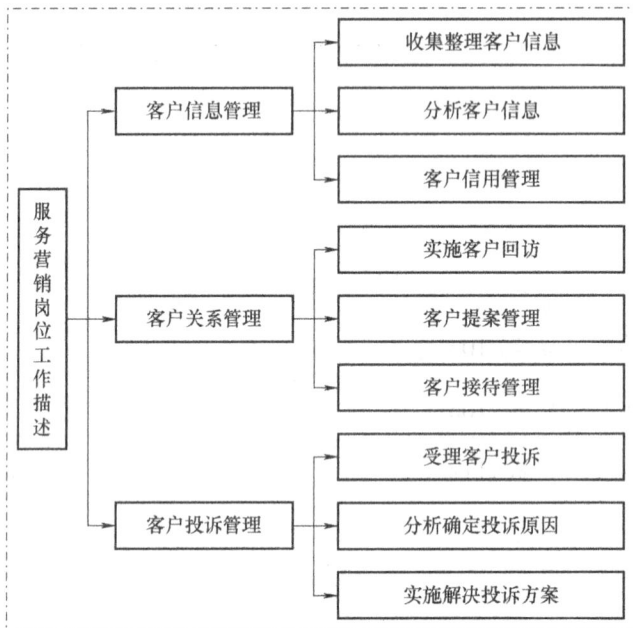

图 9-1　服务营销岗位工作描述

三、岗位工作流程

服务营销岗位工作流程如图 9-2 所示。

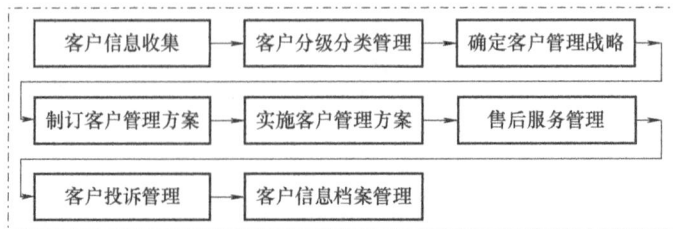

图 9-2　服务营销岗位工作流程

 岗位技能训练

任务一　服务营销策略案例分析

【案例背景】

一、严格质量"三包"政策

为了更好地保护消费者的合法权益，根据《中华人民共和国产品质量法》及相关法规，特与消费者约定如下：

1."三包"期限

皮鞋两个月，非真皮面料 1 个月（以发票日期起计）。

2."三包"内容

（1）包修

凡在"三包"期内出现开胶、断底、掉跟、断面、严重掉浆、严重泛硝及其他原因造成的损坏，均可包修。

（2）包换

①凡未经穿着的新鞋，若发现不成双、大小不一、鞋扣脱落或鞋内出现钉头，则可包换。

②凡属"包修"的鞋，在 1 个月内同一部位连续出现两次修理无效者，可酌情按原售价每日 0.5%收折旧费予以调换。

（3）包退

凡在 1 个月内出现断底、断跟、断帮脚质量问题之一者，均在包退范围之内。

3."三包"实施

①凡等外品（算不上等级的产品）、处理品，或消费者穿着不当（如雨天穿着、水洗、碰酸、碱、油、硬物）损坏者，均不属"三包"范围。

②经染色之真皮内衬，如遇水、受潮及摩擦而产生掉色均属正常，建议穿着深色袜子。

③"三包"凭证为产品合格证和发票，"三包"期限以发票日期起计。

4.服务咨询电话

800-5289241。

二、及时维修保养服务

皮鞋作为日用消费品，产品质量很难达到 100%，因此做好售后服务尤其重要。金猴集团公司认为，为顾客提供维修保养服务是卖鞋工作不可缺少的一部分。为了节省消费者的时间，最大限度地服务好消费者，金猴集团公司直属的全国 1000 多家连锁店都配备了价值 1 万元左右的起毛、打蜡、去皱、抛光、喷漆、缝补、烘干等设备，并配备 1 名经过严格训练的维修技术工，还配备了部分修鞋材料，使得诸如打楦、粘前掌、钉后掌、开胶粘合、更换鞋垫、开线缝补、去污消脏、维护保养等服务能在连锁店内进行并完成，而不必再像从前那样返厂维修。

三、终身免费保养，创造服务特色

市场竞争日趋激烈，市场上的同类产品很多，且品质和价格都相差不大，用什么办法

把顾客吸引过来？用什么办法使顾客愿意购买自己的产品？金猴集团公司为创造服务特色，率先提出了"终身免费保养"这个口号。所享受的免费保养内容有：整形、上光、杀菌、消臭；购买1双80元的鞋免费保养1次；购买1双120元的鞋免费保养2次；购买1双180元的鞋免费保养3次；购买1双200元的鞋免费保养3次；购买1双260元以上的鞋免费终身保养和维修；购买1双80元以上的鞋，免费更换鞋掌、打楦、钉掌面1次；开胶、开线终身免费保修，断底免费换新底。虽然不是所有产品在终身免费保养范围之内，但对消费者而言还是很有吸引力的，由此得到了广大消费者的理解和信赖。金猴集团公司不但提出了"终身免费保养"的口号，而且很守时、重质量，能当天修好的就不拖到第二天，说几个小时办好就得几个小时办好。提起金猴集团公司的服务质量，一个做化工生意的个体老板对此赞不绝口，他说："我们家每年都会到福山金猴专卖店购买6~7双金猴鞋，而且还推荐给我的许多朋友，其中最主要的原因就是该店的服务好，特别周到，这不，这双鞋的后跟掌面磨偏了，昨天上午才送去的，今天上午就给修好了，鞋面也给整理得干干净净，不但及时，而且修理的质量也好，反正我是认准了金猴鞋，永远穿金猴鞋。"

四、进门是客，善待八方

进门是客——不少顾客拿着其他品牌的鞋要求给予维修和保养，本来没有这个义务，但考虑到他们未来可能成为金猴鞋的消费者，金猴集团公司也为他们提供了修理、保养服务。从长远来看，这一举措很可能会吸引一个、几个甚至是几十个、几百个、成千上万个金猴消费者。

善待别人就是善待自己——有一次，一位顾客买的鞋子穿了1年后损坏了，他拿到专卖店里来要求营销人员退换。营销人员跟他耐心地讲解了企业有关"三包"的法律政策和制度，说只有在"三包"期限内才能退换，但顾客听不进去，随即开始在店内大吵大闹。后来专卖店店长把他请到一边，给他先倒了一杯水，问清楚详细情况后，找来有关"三包"的法律条文给顾客看，并告诉他说，"虽然您购买的鞋子已经超出了退换的日期，但是我们可以为您免费维修。"2天后，营销人员将修好的鞋子送到顾客家里，这让顾客很是感动。后来，这个顾客成了专卖店里的老顾客，并介绍了许多新的顾客来购买金猴企业的产品。企业善待八方，八方宾客也对企业情有独钟，新顾客源源不断，老顾客常来惠顾，金猴皮鞋的销售自然蒸蒸日上。

五、积极与顾客进行情感交流

金猴集团公司首先在自己的网站上设置有咨询专栏和留言板，消费者在咨询栏或留言板上留言，若能当场答复的，金猴集团公司信守承诺，立即给予答复；若当场无法答复的，第二天准时给予答复。对顾客提供的好建议，金猴集团公司不仅积极采纳，还根据顾客提供的联系地址，给顾客送上一份礼品，以表谢意。

金猴集团公司积极开展网上销售，对网上销售的产品，在产品发出1个星期后，相关工作人员都会根据顾客提供的联系方式，通过打电话或发电子邮件等方式就是否收到产品、产品是否适合、是否满意等进行询问。

对于购买过金猴皮鞋的顾客以及在企业留言板或咨询栏上留有联系方式的消费者，逢重大的节日或顾客的生日等，金猴集团公司都将一如既往地送去美好的祝福。

总之，服务创造竞争优势，服务创造品牌效应。

【案例题解】

1. 一般来说，维持一个老客户所需的成本比建立一个新客户所需的成本（　　）。

    A．高　　　　　　B．低　　　　　　C．相等　　　　　D．无法比较

题解：

据美国汽车业的调查，一个满意的客户会影响 8 笔潜在的生意，其中 1 笔生意会成交。一个不满意的客户会影响 25 个潜在客户的购买意愿。争取一个新客户所花的成本是维持一个老客户的 6 倍。

2．结合案例分析，可以作为金猴皮鞋"三包"的凭证有（　　　）。

    A．产品等级证　　　　B．产品合格证　　　　C．发票　　　　　D．收款收据

题解：

根据"三包"政策，"三包"凭证包括产品合格证和发票，"三包"期限以发票日期起计。

3．结合案例分析，属于金猴皮鞋质量"三包"范围的产品有（　　　）。

    A．等外品　　　　　　　　　　　　　B．消费者穿着不当损坏者

    C．处理品　　　　　　　　　　　　　D．不成双的未经穿过的新鞋

题解：

参见本章任务一中"严格质量'三包'政策"部分的内容。

4．结合案例分析，金猴集团公司是怎样开展营销服务的？

题解：

① 严格质量"三包"政策。

② 及时维修保养服务。

③ 终身免费保养，创造服务特色。

④ 进门是客，善待八方。

⑤ 积极与顾客进行情感交流。

5．有形展示是一种极为重要的服务营销策略，试分析金猴集团公司应如何实行有形展示策略？

题解：

服务场景的设计，一是要考虑服务本身的形式，即它与顾客的接触距离与方式；二是要抓住场景设计的几个要素。

（1）服务场景设计的重心

通常有 3 种类型的服务形式，需分别采取不同的场景设计：

① 自我服务场景，即由顾客自己完成大部分活动的服务场所，即使有员工也为数不多。这类场景的设计主要是考虑顾客的需求，适合目标顾客的品位。

② 交往性服务场景，即需要由顾客和员工在同一空间内共同完成服务的场所，这类场景的设计既要考虑目标顾客的需求，又要关注员工提供服务的工作要求。

③ 远端服务场景，即服务基本没有顾客参与的场所，这类服务场景的设计应主要考虑员工的需要和爱好。

（2）服务场景设计的要素

服务场景设计的要素包括所有客观的、能被服务组织控制的、用以强化或约束员工与顾客行为的环境要素，主要有 3 种类型：

① 周边条件。它包括环境的背景特点，如温度、照明、噪声、音乐、香味和颜色。

② 空间布局与功能。空间布局是指机械设备、设施和家具的尺寸、形状、摆放及布局。

功能则是指这些设施方便顾客和提高员工使用的能力。

③ 标志、象征和制品。这是指服务现场的企业标志、指示牌、图案等。

【案例练习】

1. 结合案例分析，凡在1个月内出现断底、断跟质量问题的金猴皮鞋，应（　　）。
   A. 包换　　　　　　　B. 包修　　　　　　　C. 包退　　　　　　　D. 包赔

2. 结合案例分析，在销售过程中，（　　）是对销售最好的支持。
   A. 推销人员积极的推销　　　　　　　　B. 精美的产品外观设计
   C. 满意顾客的"口碑相传"　　　　　　　D. 产品使用效果的书面统计

3. 结合案例分析，良好的售后服务能够带来的好处包括（　　）。
   A. 保证顾客的满意度
   B. 重复购买和未来业务关系的巩固
   C. 仅适合于一小部分产品的销售
   D. 提供潜在的贸易机会

4. 试分析服务为什么能创造企业的竞争优势和品牌效应？

5. 金猴集团提供的免费保养服务是针对金猴顾客的，然而公司规定，如果顾客拿着其他品牌的鞋要求给予维修和保养，公司维修人员不仅不得拒绝，还要像对待购买金猴产品的顾客一样为他们提供修理、保养服务。试分析金猴集团这样做的缘由是什么？

6. 试分析金猴集团公司在提供服务过程中应如何做好服务质量的控制？

【综合训练】

广东千百度日化用品公司充分认识到，作为家庭日用品，洗发水、洗衣粉、香皂等产品的差异化程度很低，价格竞争的空间很有限，市场竞争却是异常激烈。因此，自公司成立开始，千百度公司就重视对经销商和消费者的服务，努力通过差异化的服务、优质的服务来赢得经销商的合作与努力，赢取消费者的信赖与喜爱。

首先，为保护消费者和经销商的合法权益，公司制订并严格执行"三包"政策。具体内容为：①如果产品在合格使用期内出现质量问题，可以无条件地免费更换，或无条件退货；若给消费者的身体健康造成损害，则依据正规医疗单位的检验报告，公司给予全额赔偿。②为了使广大消费者能够及时得到公司的服务，消费者可以拨打公司24h免费咨询电话（800-8864570），对于消费者的咨询或建议，公司承诺都将在24h内给予答复。

其次，公司一方面要求所有经销商按照公司的规定样式设计统一的橱柜、配置统一的宣传画；另一方面公司为经销商免费培训销售人员，为销售人员配置统一的工作服，以从形象上区别于其他企业，树立企业独特的营销形象。

再次，加快调货，及时处理，避免库存积压，以维护和保障经销商的利益。日化用品产品季节性非常强，过了季节就会积压、贬值，这既损害公司利益，也会影响经销商的利益。有时，某个产品在一个地方滞销，但在另一个地方畅销，这就要求广大经销商积极配合公司业务员做好调货工作，尽量把应季产品在季节内"消化"，以最大限度地保障各经销商的利益，以维护公司的利益。

最后，公司在日化用品行业首推免费送货上门服务。一般条件下，日化用品行业很少有送货上门的，然而公司自成立开始，就坚持给经销商免费送货上门。对于所有经销商，不管其每次的需求量是多少，公司都将尽快送货上门，以保证经销商的需求和利益。对于住所距离公司产品经销点 2km 以内的顾客，公司实行免费送货上门；对于住所距离在 2km 以外的顾客，只需订货金额在 50 元以上，就可以享受免费送货服务。

试根据案例完成以下问题：

1．千百度公司在日化用品行业首推免费送货上门服务，请问免费送货上门属于产品整体概念的（　　　）。

    A．核心产品　　　　　B．形式产品　　　　C．附加产品　　　D．期望产品

2．千百度公司要求经销商按照公司的规定样式设计统一的橱柜、配置统一的宣传画，以树立独特的营销形象。这采用的是服务营销的（　　　）。

    A．产品策略　　　　　B．渠道策略　　　　C．过程策略　　　D．有形展示策略

3．千百度公司为更多地实现顾客价值，对员工的招聘严格把关，同时对所有员工实行规范化服务培训，请问这是指服务营销的（　　　）。

    A．产品策略　　　　　B．参与者策略　　　C．有形展示策略　D．过程策略

4．千百度公司努力通过差异化的服务来赢得经销商的合作、赢取消费者的信赖和喜爱。结合案例分析，千百度公司开展了哪些差异化的服务？

5．通过提高服务质量来提高企业的竞争地位是企业通常采用的方法。结合案例分析，千百度公司应如何改善和提高公司的服务质量？

任务二　产品"三包"协议书陈述训练

【实训例讲】

爱国者数码相机"三包"服务协议

1．华旗资讯郑重承诺：爱国者数码相机的"三包"服务期限于购买之日起生效（以有效购机发票记载的日期为准，未经华旗资讯或经销商盖章的"三包"凭证均为无效）。

（1）"三包"期限

① 主机：15 天包换，12 个月内保修。

② 附件：电源适配器 3 个月内包换；数据线、锂电池 1 个月内包换。

③ 赠品：相机包不在此保修范围内。

2．所购产品在"三包"期内正常使用和维护下，由本机元器件所引发之故障，经华旗资讯技术人员检测确认，可免费维修及更换零配件。

3．不属于"三包"范围内的情况：

① 超过"三包"有效期。

② 涂改"三包"凭证，序列号与产品本身号码不符。

③ 因未按使用说明书操作，或由安装错误引发的损坏。

④ 无有效"三包"凭证及有效发票的（可证明该产品在"三包"有效期内的除外）。

⑤ 人为引起的损坏。

⑥ 因不可抗力造成的损坏。

⑦ 经非华旗资讯授权服务人员修理、改动、改装或拆卸过。

⑧ 主机在恶劣的条件（如油烟、热、尘、液体等）下使用产生的故障。

⑨ 属于其他非本公司所制造的产品引起的故障。

4．华旗资讯不对用户及经销商的特殊、意外或间接损失负责。

5．凡是在华旗资讯或经销商处购买的该产品，在"三包"期限内，华旗资讯都提供该产品的正常产品保修服务。

6．以上保修内容仅限于本凭证上所写的"三包"期内以及由华旗资讯客户服务中心所提供的服务，如有问题请及时与华旗资讯客户服务中心联系。

7．该产品实行全国联保，在华旗资讯各地服务中心均可获得相关服务。

8．本"三包"凭证所有内容解释权归华旗资讯所有。

北京华旗资讯数码科技有限公司

【实训目的】

① 能搜寻到一张完整的产品"三包"协议书。

② 能清晰表达出该产品"三包"协议书的内容。

③ 能总结归纳出该产品"三包"协议书的特色或特点。

④ 能简要说出选择该产品"三包"协议书的理由。

【实训组织】

① 布置任务：将教学班学生按每组 6～8 人的标准划分成若干任务小组，每个小组成员搜寻一份产品"三包"协议书。

② 搜索选择：各小组成员总结归纳自己所搜寻到的产品"三包"协议书的特点，列明选择该产品"三包"协议书的理由，之后形成产品"三包"协议书课堂实训报告，报告格式如图 9-3 所示。

③ 课堂陈述：各任务小组成员上交产品"三包"协议书课堂实训报告，由指导教师从每组中选择一份具有代表性的产品"三包"协议书实训报告，并邀请其小组代表上台陈述。

④ 评价效果：各小组代表陈述后，指导教师点评该次产品"三包"协议书实训报告的情况，并由全班同学不记名投票，评选出该次课堂实训的获奖小组，给予表扬与奖励。

产品"三包"协议书课堂实训报告

第 ___9___ 次实训

班级_____ 学号_____ 姓名_____ 实训评分_____

实训时间_____ 实训名称 产品"三包"协议书课堂实训

一、产品"三包"协议书的内容

二、产品"三包"协议书的特点

三、选择该"三包"协议书的理由

四、实训心得体会

五、实训评价（指导教师填写）

图 9-3　产品"三包"协议书课堂实训报告格式

任务三　产品"三包"协议书写作技能训练

【实训背景】

江西泉美矿泉饮品有限公司规定：凡是一次性购买或预订 10 桶及 10 桶以上泉美牌桶装矿泉水的用户，公司都将免费赠送 1 台泉美牌饮水机。虽然饮水机为免费赠送产品，但公司仍将它纳入"三包"产品，"三包"服务期限自购买或赠送之日起生效。"三包"期限是：整机 15 天包换，12 个月内保修；主要部件 3 个月内包换，其他附件 1 个月内包换。

试根据以上背景资料，为泉美公司的饮水机制订一份"三包"服务协议书。

【实训目的】

① 能认识并实现组织分工与团队合作。

② 能撰写出符合格式要求的产品"三包"协议书。

③ 能整理总结出产品"三包"协议书写作课题分析报告。

④ 能清晰地口头表达出产品"三包"协议书写作实训心得。

【实训组织】

① 组建实训课题小组：将教学班学生按每组 6～8 人的标准划分成若干课题小组，每个小组指定或推选出一名小组长。

② 确定实训小组课题：每个小组根据产品"三包"协议书写作背景资料的要求，完成一份产品"三包"协议书的写作。

③ 实施写作课题研究：各小组长根据产品"三包"协议书的写作计划调配资源，明确各组员的任务，并督促大家有效地完成任务，包括产品"三包"协议书的草拟、修改和定稿，产品三包协议书写作课题分析报告的撰写、打印，以及小组的发言等。

④ 撰写实训课题报告：每个小组完成一份产品"三包"协议书写作的课题分析报告。报告格式如图 9-4 所示。

⑤ 陈述写作实训心得：由各个小组推荐的发言人或小组长代表本小组陈述本小组实训课题分析报告和实训心得。

产品"三包"协议书写作实训报告

第 ___9___ 次实训

班级_____　学号_____　姓名_____　实训评分_____

实训时间_____　　实训名称 *产品"三包"协议书写作实训*

一、实训案例背景

二、实训目标要求

三、实训操作内容

四、实训心得体会

五、实训评价（指导教师填写）

图 9-4　产品"三包"协议书写作实训报告格式

岗位工具模板

1. 客户信用评定表模板

客户信用评定表模板见表9-1。

表9-1　客户信用评定表模板

	客户编号		客户名称	
	客户地址		联系电话	
	成立日期		电子邮件	
预计销量	向本企业采购产品		旺季采购金额	
	月平均采购数量		月平均采购金额	
客户业务状况	销售产品名称		销售地区比例	
	平均月销售量		经营方式方法	
结论	企业经营经验			
	市场销售能力			
	财务状况			
	对该客户的评定意见			

2. 信用额度变更表模板

信用额度变更表模板见表9-2。

表9-2　信用额度变更表模板

	业务员		申请日期	
	客户名		负责人	
	联系地址		联系电话	
	开始交易的年月		月平均业绩	
	原信用额度办法			
	拟变更信用额度办法			
	审核意见			

3. 产品维修报告单模板

产品维修报告单模板见表9-3。

表9-3　产品维修报告单模板

客户姓名		产品名称		产品型号	
购买时间		产品保修期		维修日期	
产品故障描述					
初步原因分析					
维修情况（由维修员填写）					
部门主管审核意见					

4．售后服务调查表模板

售后服务调查表模板见表9-4。

表9-4　售后服务调查表模板

产　品	产品质量	
	产品价格	
	产品是否能满足您的需求	
服　务	服务人员的工作态度	
	服务效率	
	服务人员的技术水平	
	投诉问题的处理	
	产品出现故障后的解决	
其　他	您认为我公司的服务在哪些方面还需要改进	
	对我公司产品有何改进的建议与意见	

5．产品退换货统计表模板

产品退换货统计表模板见表9-5。

表9-5　产品退换货统计表模板

客户姓名	产品名称	购买日期	规格型号	颜　色	数　量	金　额	退换货类型		退换货日期	退换货原因
							退　货	换　货		

6．客户投诉统计表模板

客户投诉统计表模板见表9-6。

表9-6　客户投诉统计表模板

投诉		客户名称	产品名称	数量	规格型号	购货日期	投诉内容	责任部门	处理方式					损失金额
编　号	日　期								退　货	换　货	折　扣	维　修	其　他	

10

第 10 章　网络营销策略实训

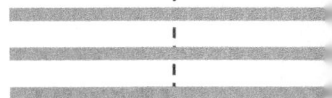

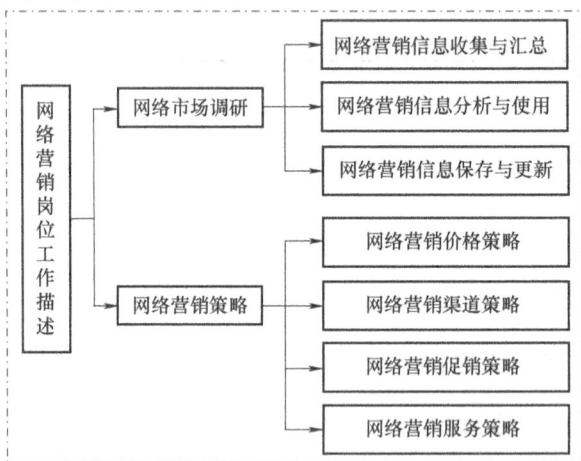

岗位工作认识

一、岗位技能要求

1. 能理解和运用网页设计方法。
2. 能理解和运用网站推广方法。
3. 能理解和运用网络营销的方法。
4. 能掌握产品促销方案实训报告的写作方法。

二、岗位工作描述

网络营销岗位工作描述如图 10-1 所示。

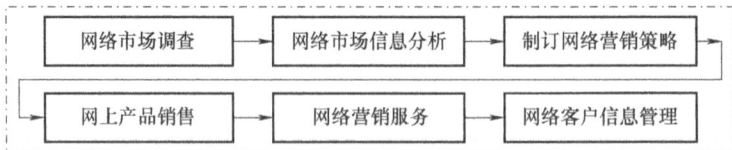

图 10-1　网络营销岗位工作描述

三、岗位工作程序

网络营销岗位工作程序如图 10-2 所示。

图 10-2　网络营销岗位工作程序

岗位技能训练

任务一　网络营销策略案例分析

【案例背景】

金猴集团主要经营产品生产与销售、来料加工、进出口贸易、餐饮服务、仓储运输、房地产开发等多种业务，主要生产"金猴"牌皮鞋、运动鞋、鞋材、皮具、服装等系列制品。年生产各类皮鞋、运动鞋 1600 万双，皮具 800 万件，服装 400 万件，综合经济实力位居中国皮革制品行业前三强，系中国皮革工业协会副理事长单位、山东省重点工业企业集团、国家大型工业企业。20 世纪 90 年代，金猴集团的市场营销有以下几个特点：

① 基本上都是国内客户，国外客户很少。但随着金猴集团生产规模的不断扩大，其声誉的不断提高，已不满足于国内市场，迫切需要开拓国际市场。

② 金猴集团国际营销渠道单一，一般是通过参加各种出口展览、展销会进行产品出口。

③ 国外客源比较单一，大多是国外的皮鞋代理公司，这些公司虽然能代理企业的产品出口，但随着企业产品出口量的增加，出口成本大幅度增加。

④ 品牌的限制。国外皮鞋代理公司虽然能代理金猴皮鞋的出口，但鉴于金猴品牌在国际上的知名度，一般都要贴上代理公司的品牌，这样虽然出口量有所增加，但利润微薄。这与金猴集团在国内皮鞋市场的定位严重不符。

一、建设金猴网站，提高竞争力

金猴集团要依靠自己的品牌出口，争创国际知名品牌。为了扩大金猴皮鞋的出口，1993 年 2 月，金猴集团鞋业进出口有限公司成立，公司由拥有中、高级职称和丰富专业知识的 20 多人组成，主要经营金猴皮鞋的出口业务，年出口皮鞋 200 多万双，产品出口美国、日本、德国、俄罗斯、韩国、以色列等 14 个国家和地区。

从 1996 年 6 月开始，金猴集团抽调 10 多名企业信息技术方面的人才，在青岛海尔信息技术有限公司的配合下，成功注册了 4 个国际和国内域名，并投资 200 多万元进行网站的开发建设。网站设置有中英文两种不同的版面（见图 10-3），既可供国内客户登录，又可供国际客户访问。

图 10-3 中文版面网站附图

二、充实网站内容，增强可读性

金猴集团网站栏目的设置，不但体现了金猴产品的宣传特点，而且更注重宣传企业、企业品牌和企业形象，培养顾客对金猴品牌的忠诚度。打开网站，首先映入眼球的是企业的各种荣誉，包括中国驰名商标、中国名牌产品、国家免检产品、ISO质量认证证书、中国真皮鞋王等金字招牌，给顾客一种强有力的信任。网站包括"走进金猴""金猴文化""新闻中心""下属公司""产品世界""质量保证""视听中心""人才中心""联系我们"等栏目。

通过"新闻中心"栏目，顾客可以轻松地查找到集团公司及各子公司的新闻资料，了解企业的发展状况和职工生活；通过"产品世界"栏目，顾客可以查看企业各种产品的展示效果，足不出户就可清楚地了解企业产品的品种、款式、颜色、特点等；单击电商专区中的"皮鞋旗舰店"，顾客可以进行网上购物（见图10-4）；通过金猴文化栏目，顾客可以对金猴品牌进行深层次的了解，感受金猴品牌、感受金猴文化。此外，企业非常重视顾客对企业及其品牌、产品的感受，除了定期派出市场调查人员征询顾客意见外，还特意在网站上设置了"联系我们"栏目，顾客可以给金猴企业留言或咨询，并通过"联系我们"栏目下的"在线留言"栏目实现与企业的实时交流与沟通。

10-4　网上购物

通过设立金猴集团进出口公司和建设企业网站，金猴集团在国内和国际上的客户数量都有了飞速增长，产品销售收入也有了快速增长，单位成本的支出反而节约了不少。

【案例题解】

1. 为了向浏览网站的顾客提供一些需要特别关注的信息，金猴集团在其网站页面上设置了随页面滚动而滚动的广告信息，该广告形式是（　　　）。

　　A. 插页广告　　　　B. 浮标广告　　　　C. 标识广告　　　　D. 网幅广告

题解：

① 插页广告也称为弹出窗口广告，是指打开某一网站页面或单击某一链接，在页面转换

过程中弹出的广告。

② 浮标广告又称为游标广告、悬浮广告，它一般在网站页面上随着页面的滚动而滚动。

③ 标识广告也称为图标广告，一般位于网站页面的两侧，多为企业品牌或商标的标识的广告。

④ 网幅广告也称为横幅广告，是最常见的网络广告之一，它位于网站页面最上方或中部，因其像一面旗帜，也被称为旗帜广告。

2. 金猴集团在网络营销中随时掌握竞争者的价格变动，并及时调整企业的产品价格，以保持企业产品的相对价格优势，这是（　　）策略。

　　A. 个性化定价　　　　B. 自动调价议价　　　C. 竞争定价　　　D. 歧视性定价

题解：

① 个性化定价策略是指借助互联网的互动性，根据消费者对产品的颜色、式样、材料、性能等个性化的需求来确定产品定价的策略。

② 自动调价议价策略是指根据淡季旺季交替、市场供求状况、竞争状况、成本变动等相关参数建立自动调价模型，同时，在企业网站上运行与顾客协商价格的议价系统，使价格更为灵活多样，从而形成谨慎、创新的价格。

③ 竞争定价策略是指随时掌握竞争者的价格变动，调整自己的竞争策略，时刻保持同类产品的相对价格优势。

④ 歧视性定价策略是指撇脂定价（先高价后低价）策略和渗透定价（先低价后高价）策略。

3. 金猴集团自1996年投资建设好公司网站之后，充分利用网络开展金猴产品促销，试为金猴集团网络销售促进方式的选择提供相应的建议。

题解：

金猴集团可选择以下网络销售促进方式：

① 网上折价促销。

② 网上捆绑促销。

③ 网上赠品促销。

④ 网上抽奖促销。

⑤ 网上积分促销。

⑥ 在线交流促销。

⑦ 文娱作品促销。

⑧ 网上联合促销。

4. 试分析金猴集团公司可以采取哪些手段进行公司网站的有效推广？

题解：

金猴集团网站的有效推广手段如下：

① 注册搜索引擎。

② 交换链接。

③ 利用新闻组、BBS、论坛。

④ 加入行业性网站名录。

⑤ 相关网站排行榜。

⑥ 邮件列表和电子杂志。

⑦ 会员制营销。

⑧ 借助传统媒体。

5. 结合案例，为配合母亲节的到来，请你为金猴集团制订一个网络营销方案。

题解：

网络营销方案

① 确定网络促销对象：收入较高的白领阶层。

② 网络营销诉求重点：给母亲一份孝心。

③ 制订网络产品服务策略：推出能改善血液循环、增强身体健康的多功能皮鞋。

④ 制订网络价格策略：采用商誉定价、品牌定价、个性化定价策略。

⑤ 制订网络渠道策略：利用企业网站进行直销。

⑥ 制订网络广告策略：采用网幅广告、浮标广告、桌面广告等形式；广告语为"金猴，母亲的温暖！"

⑦ 制订网络公关策略：与家庭网站建立交叉链接，与各省市妇联的网站实现信息共享。

⑧ 制订网络促销预算：广告宣传费用　　150 万元

　　　　　　　　　　折扣费用　　　　　200 万元

　　　　　　　　　　公关费用　　　　　100 万元

　　　　　　　　　　其他费用　　　　　 50 万元

【案例练习】

1. 从 1996 年 6 月开始，金猴集团抽调 10 多名企业信息技术方面的人才，在青岛海尔信息技术有限公司的配合下，成功注册了 4 个国际和国内域名，并投资 200 多万元进行网站的开发建设。网站设置有中英文两种不同的版面，既可供国内客户登录，又可供国际客户访问。这体现的是网络营销的（　　　）特征。

　　A. 交互式　　　　　B. 跨时空　　　　　C. 经济性　　　　　D. 高效性

2. 保护计算机网络设备、设施免遭地震、水灾、火灾等环境事故以及人为操作失误或错误和各种计算机犯罪行为导致的破坏的过程，是指网络的（　　　）。

　　A. 环境安全　　　　B. 设备安全　　　　C. 媒介安全　　　　D. 网络安全

3. 试分析网络营销方式不同于传统营销方式的优势。

4. 结合案例分析，金猴集团公司网站栏目设置上的特点是什么？

5. 为了提高目标顾客浏览企业网站的针对性和有效性，企业网站信息设计时应注意哪些事项？

6. 结合案例，为配合教师节的到来，请你为金猴集团公司制订一个网络营销方案。

【综合训练】

广东千百度日化用品有限公司自 2012 年开始酝酿网络营销管理手段的应用。2012 年 12 月，千百度公司聘请广东联华科技有限公司为公司网站进行开发建设。鉴于公司目标市场将来可能要拓展到一级市场，公司对网站建设的要求是以树立企业形象为主，重点是利用网络加强与客户的联系与交流，开展网上调研，收集消费者的意见和建议，同时设置独立的专门的电子商务栏目，以方便国内外客户网上购物。

千百度公司网站相对来说，只能算是小型的商业网站，其知名度很低。为了能有效地让广大消费者了解并接受公司网站，千百度公司不仅在百度、阿里巴巴等知名网站上注册搜索引擎，加入中国日化用品行业网站，还借助电视媒体进行网站的宣传。

2015 年，公司投巨资实施信息化建设，拟将所有经销商纳入公司的信息化管理系统。公司协助并支持经销商尽快安装信息化设备，实现与公司网络的实时交流；同时要求各经销商严格按照公司的规定，认真及时上传有关销售信息和各种数据，以便公司精确组织生产，合理安排调货，这样既能维护公司的利益，又能最大限度地保障经销商的利益。

随着公司网站的建设与推广，公司的客户范围有了很大的扩展，先后有多家全国性的连锁超市批量采购千百度的产品，为公司产品开拓一级市场奠定了基础，产品销售收入也有了快速增长。2015 年，公司销售收入已超过 2 亿元，预计 2016 年公司产品销售收入将增长 25%以上，达到 2.5 亿元以上。

试根据案例回答以下问题：

1．千百度公司利用网络可以随时了解顾客需求，并有针对性地发送企业信息，从而实现一对一的信息传播，这体现的是网络营销的（　　　　）。

    A．跨时空　　　　　　　　　　　　B．交互式

    C．整合性　　　　　　　　　　　　D．高效性

2．千百度公司建设公司网站的主要目的是（　　　　）。

    A．树立公司形象　　　　　　　　　B．加强与客户的联系与交流

    C．开展网上调研　　　　　　　　　D．拓展目标市场

3．千百度公司利用网络互动性特征，根据消费者对产品的外观、颜色等方面的具体需要，确定网络营销产品价格的策略是（　　　　）。

    A．竞争定价策略　　　　　　　　　B．特殊价格策略

    C．个性化价格策略　　　　　　　　D．折扣定价策略

4．千百度公司利用网络加强与客户的联系与交流，积极开展网上调研，请问千百度公司进行网络营销调研主要应调研什么内容？

5．千百度公司网站相对来说只能算是小型商业网站，为提高公司网站的知名度，请问，公司可采取哪些网站推广策略与手段？

任务二　产品促销方案陈述训练

【实训例讲】

××品牌童服 2006 秋装上市促销策划方案

一、活动主题

快乐学习，快乐进步。

二、活动时间

2006 年 8 月 20 日～9 月 10 日。

三、活动地点

潮汕地区以外各代理商、加盟商店/柜。

四、活动目的

通过橱窗布置、卖点广告（Point of Purchase，PoP）陈列、货品陈列等推广方式，营造开学前后新款上市氛围，赠送实用、与儿童贴心的礼品，在消费者内心引起共鸣，从而提高

公司品牌穿透力，提升新装上市销售业绩及扩大品牌信任度。

五、市场简析

整个童装市场上半年打折促销异常火暴，竞争白热化，更有甚者新装上市就 8 折销售。由于折扣太高在很大程度上直接损害了各商家自身的赢利水平，但销量并不理想，因此打折并非促销的决定性手段，而且对以后的品牌运营带来了负面影响，可谓得不偿失。经过调查与分析，其他品牌大都有乘新装上市之机重塑产品价格定位的计划，新款上市不打折或 9 折以上。为顺应这种市场大潮，此次新款上市，公司推出情感促销——赠品促销。赠品具备较大吸引力、实用性；广告语对孩子充满关怀和祝福；橱窗布置符合新学年的浓厚氛围；活动日期选择在开学前后 20 天，父母一般会给即将升入新年级的孩子购置新衣。这些都将有助于在消费者心中加深公司品牌印象、稳定购买群体、提升新款销售业绩。

六、货品陈列

根据货品陈列手册的新款部分，按照颜色由浅渐深、尺寸由短至长搭配，或者按照主打色调形成系列搭配。（陈列指导可从网上下载或由公司打印邮寄）

七、POP、橱窗布置

1．门头条幅（广告语可选）

● 快乐学习、快乐进步、快乐大赠送

● 新学年、新感觉、新款上市

● 情系新学年、精品欢乐送

2．橱窗布置

① 模特布置：2~3 个模特着经典新款组成一个橱窗陈列主题，例如背着书包、拿着书等与学习相关的造型等，营造新学期欢乐氛围的橱窗。模特所处地面可布置成野外场景（场景布置具体可由店长发挥想象力自行布置）。

② 橱窗背景布置：由公司根据各店具体橱窗尺寸设计。

③ 橱窗玻璃刻字：刻字原则——红字白底或者红字黄底。

④ 橱窗刻字内容：a）购买正价货品满 68 元，送太空削笔刀一个。b）购买正价货品满 128 元，送精美儿童笔记本 1 本。c）购买正价货品满 188 元，送文具大礼盒 1 份。

3．天花布置

长方形吊旗，尺寸（60cm×40cm），每个店/柜，8~10 幅。

4．开票台布置

活动说明 PoP 贴 KT 板或贴有机玻璃架。

5．形象墙布置

含橱窗活动内容文字的灯箱片 PoP（由公司设计或网站下载）。

6．外场广播

营造卖场氛围的音乐，客流较多时由店员向顾客报道新款的优势或活动内容，新款的优势文稿由服装设计部根据服装设计创意提供。

八、人员安排、物料准备

① 参与活动相关人员——公司市场部、广告部、零售一部、服装部、各加盟商、各店/柜人员。

② 物料——门头横幅、橱窗模特及物品、橱窗 PoP、吊旗、开票台 PoP、形象墙 PoP、

礼品、音响。

③ 客户电话联系表、礼品赠送登记表。

市场营销部
2006 年 8 月

【实训目的】

① 能搜寻到一张完整的产品促销方案。

② 能清晰表达出该产品促销方案的内容。

③ 能总结归纳出该产品促销方案的特色或特点。

④ 能简要说出选择该产品促销方案的理由。

【实训组织】

① 布置任务：将教学班学生按每组 6～8 人的标准划分成若干任务小组，每个小组成员搜寻一份产品促销方案。

② 搜索选择：各小组成员总结归纳自己所搜寻到的产品促销方案的特点，列明选择该产品促销方案的理由，之后形成产品促销方案课堂实训报告，报告格式如图 10-5 所示。

③ 课堂陈述：各任务小组成员上交产品促销方案课堂实训报告，由指导教师从每组中选择一份具有代表性的产品促销方案实训报告，并邀请其小组代表上台陈述。

④ 评价效果：各小组代表陈述后，指导教师点评该次产品促销方案实训的情况，并由全班同学不记名投票，评选出该次课堂实训的获奖小组，给予表扬与奖励。

产品促销方案课堂实训报告

第 __10__ 次实训

班级_____ 学号_____ 姓名_____ 实训评分_____

实训时间_____ 实训名称 _产品促销方案课堂实训_

一、产品促销方案的内容

二、产品促销方案的特点

三、选择该促销方案的理由

四、实训心得体会

五、实训评价（指导教师填写）

图 10-5　产品促销方案课堂实训报告格式

任务三　产品促销方案写作技能训练

【实训背景】

江西泉美矿泉饮品公司所生产矿泉饮品的销售有很强的季节性，还受到其品牌知名度的制约。为了切实扩大泉美品牌的知名度，有效提高公司产品的销售量，公司决定携手江西省妇联，于"八一"建军节前夕在"八一"广场举办一场"经典美丽——献给英雄母亲"的公共关系活动。该活动主要是在全省范围内寻找 100 位英雄母亲，再由全省民众投票评选出 10 位"感动江西"的英雄母亲，公司将奖励每位感动江西的英雄母亲 1 万元的经典美丽基金，并赠送可供其 1 年饮用的公司专利产品——矿泉茶饮品；其他 90 位英雄母亲，也将获得每人 1000 元的经典美丽基金以及可供其两个月饮用的公司专利产品——矿泉茶饮品。

试根据以上背景资料，为泉美公司制订一份"经典美丽——献给英雄母亲"的产品促销方案。

【实训目的】
① 能认识并实现组织分工与团队合作。
② 能撰写出符合格式要求的产品促销方案。
③ 能整理总结出产品促销方案写作课题分析报告。
④ 能清晰地口头表达出产品促销方案写作实训心得。

【实训组织】
① 组建实训课题小组：将教学班学生按每组 6～8 人的标准划分成若干课题小组，每个小组指定或推选出一名小组长。
② 确定实训小组课题：每个小组根据产品促销方案写作背景资料的要求，完成一份产品促销方案的写作。
③ 实施写作课题研究：各小组组长根据产品促销方案的写作计划调配资源，明确各组员的任务，并督促大家有效地完成任务，包括产品促销方案的草拟、修改和定稿，产品促销方案写作课题分析报告的撰写、打印，以及小组的发言等。
④ 撰写实训课题报告：每个小组完成一份产品促销方案写作的课题分析报告。报告格式如图 10-6 所示。
⑤ 陈述写作实训心得：由各小组推荐的发言人或小组长代表本小组陈述本小组实训课题分析报告和实训心得。

产品促销方案写作实训报告

第 _____10_____ 次实训

班级_____ 学号_____ 姓名_____ 实训评分_____

实训时间_____ 实训名称 _产品促销方案写作实训_

一、实训案例背景

二、实训目标要求

三、实训操作内容

四、实训心得体会

五、实训评价（指导教师填写）

图 10-6　产品促销方案写作实训报告格式

岗位工具模板

1．商品销售信息汇总表模板

商品销售信息汇总表模板见表 10-1。

表 10-1　商品销售信息汇总表模板

信息项目	信息细目	具体内容
畅销商品	商品	
	价格	
	库存	
	特征	
	每日动向	
消费者反映	购买情况	
	特价状况	
	宣传方式	
	广告效果	
信息分析	问题点	
	改进措施	

2．负面信息分析改进表模板

负面信息分析改进表模板见表 10-2。

表 10-2　负面信息分析改进表模板

负面信息对象	具体内容	改进措施
企业整体形象负面评价内容		
营销人员形象负面评价内容		
产品形象负面评价内容		
代理商负面评价内容		
经销商负面评价内容		
直销商负面评价内容		
交货期负面评价内容		
付款负面评价内容		

参 考 文 献

[1] 罗绍明. 市场营销实训[M]. 北京：机械工业出版社，2009.

[2] 程淑丽. 营销管理工作细化执行与模板[M]. 北京：人民邮电出版社，2008.

[3] 程淑丽. 市场营销管理职位工作手册[M]. 北京：人民邮电出版社，2009.